幽夢影

3 影遊人間

張潮 原著

曾珮琦 編註

目次

・以下爲主題式閱讀，數字爲篇名編號（便於從頁眉查找），非頁碼

讀寫人生

141閱《水滸傳》至魯達打鎮關西／146昔人云「婦人識字，多致誨淫」／147善讀書者／153多情者不以生死易心／159古今至文／161孔子生於東魯／162有青山方有綠水／166天下無書則已／167秋蟲春鳥／171作文之法／176貌有醜而可觀者／179昔人欲以十年讀書／187能讀無字之書／188若無詩酒／190陳平封曲逆侯／191古人四聲俱備／192閒人之硯／203蘇東坡和陶詩／204予嘗偶得句／205空山無人／208文人每好鄙薄富人／210先讀經／211居城市中／212鄉居須得良朋始佳／219古人云「詩必窮而後工」

沒有遺憾沒有傷害

141閱《水滸傳》至魯達打鎮關西／150官聲採於輿論／152梧桐爲植物中清品／165鏡不幸而遇嫫母／168媸顏陋質／176貌有醜而可觀者／178貧而無諂／179昔人欲以十年讀書／180寧爲小人之所罵／184唐虞之際／188若無詩酒／189才子而美姿容／190陳平封曲逆侯／191古人四聲俱備／196才子遇才子／200擲陞官圖／203蘇東坡和陶詩／204予嘗偶得句／212鄉居須得良朋始佳／213玉蘭／214無其罪而虛受惡名者／216黑與白交／219古人云「詩必窮而後工」

今日最中肯

144鳥聲之最佳者／145不治生產／146昔人云「婦人識字，多致誨淫」／147善讀書者／148園亭之妙在邱壑布置／150官聲採於輿論／151胸藏邱壑／152梧桐爲植物中清品／155立品須法乎宋人之道學／157豪傑易於聖賢／159古今至文／160情之一字／161孔子生於東魯／163嚴君平以卜講學者也／169吾家公藝／170九世同居／171作文之法／173買得一本好花／175水爲至污之所會歸／176貌有醜而可觀者／177遊玩山水亦復有緣／178貧而無諂／181傲骨不可無／182蟬爲蟲中之夷齊／183曰癡／185痛可忍／187能讀無字之書／195凡物皆以形用／200擲陞官圖／201動物中有三教焉／202佛氏云「日月在須彌山腰」／206鏡與水之影／209能閒世人之所忙者／211居城市中／213玉蘭／215臭腐化爲神奇／216黑與白交／217恥之一字／218鏡不能自照

天生愛美

143冰裂紋極雅／147善讀書者／148園亭之妙在邱壑布置／150官聲採於輿論／160情之一字／162有青山方有綠水／164人則女美於男／165鏡不幸而遇嫫母／166天下無書則已／168媸顏陋質／171作文之法／172筍爲蔬中尤物／173買得一本好花／176貌有醜而可觀者／184唐虞之際／186鏡中之影／188若無詩酒／189才子而美姿容／192閒人之硯／196才子遇才子／197予嘗欲建一無遮大會／205空山無人／208文人每好鄙薄富人／219古人云「詩必窮而後工」

做人好難

自自然然

友我友你

人家只是眞性情

耳際效應

人生如夢幻泡影，潮起潮落，張潮懂

文／曾珮琦

「幽、夢、影」三字何意？

現代人生活忙碌，往往一覺醒來，大人趕著上班，孩子們趕著上學，一家人可能連吃一頓早飯都很難說上幾句話，然後就各奔天涯，去展開自己忙碌的一天。我們已經很久沒有好好抬頭看看天際的彩雲，很久沒有豎耳聆聽樹梢上的蟲鳴鳥叫……忙碌的生活讓我們在很大程度上麻痺了感官，忽略了周遭美好的事物。現在，邀請您，放下手頭上的事情，放鬆心情，隨著我「偷得浮生半日閒」地一起來品味由清代張潮所作的語錄體小品文——《幽夢影》。

從書名就可以看出寄託在背後的涵義，作者是以一種審美的態度來品味人生。「幽夢」，是人心中所深藏的、隱微的夢境，這個夢可以反映現實的人生體驗，也可以是超離於現實之外、內心眞實世界的反射，是作者在欣賞大自然的同時，又慮及了諸多人生體會，而譜出的一簾幽夢。而「夢影」，是作者將心中的思想哲理與審美意趣，寄託在短小精湛的語言文字上，這些文字如影子一般轉瞬即逝，卻又在我們心中留下了美好的回憶。正如江之蘭的跋語所說：「心齋之《幽夢影》，非病也，非夢也，影也。影者惟何？石火之一敲，電光之一瞥也。」心齋，是張潮的名號，古人習慣以名號稱呼人；《幽夢影》並非身染重病之人所作的那種超脫現實之夢，而是反映現實、寄託人生的眞實之夢。「影」，如同電光石火，轉瞬即逝，卻又有如當頭棒喝，點醒了沉溺在紅塵俗世之中、每日爲了追名逐利的世人那顆淪陷而難以自拔的心。

張潮是什麼樣的文人？

張潮生於西元一六五〇年（清順治七年），卒於一七〇七年，字山來，別字心齋，號仲子，自稱三在道人，祖籍是安徽省徽州府歙縣（今安徽省新安縣，歙在此讀作「社」）。父親張習孔是順治己丑年（一六五〇年）進士，歷任刑部郎中，曾在山東任職，爲官清廉，頗有政績。晚年搬到揚州後，興建詒清堂，在自家從事藏書、著書、刻書等活動。張潮出生的時間正好是張習孔出仕之時，所以家境還算不錯，幼年時期過得頗爲優渥。

張潮是書香世家子弟，家中還有三個兄弟，他排行第二。受父親影響，從小便立定志向要參加科舉考試求取功名，且頗有文才，喜歡讀書，博通經史，可惜天不從人願，始終沒能考上，後補官，僅擔任過翰林院孔目（掌管書籍進出貯存與文書簿籍之事）

這樣的小官職。從十四歲到廿五歲這十二年間，他歷盡坎坷，命途多舛，他曾在〈八股詩自序〉中說：「遙記自乙卯溯於甲辰，積有十二載。……又況此十二年苦辛坎坷，境遇多違，壯志雄心，消磨殆盡。」康熙十三年（一六七四年），張潮廿四歲，遭逢家難，家中藏書都沒有了，他在《因樹屋書影》的批語中說：「予少時獲睹《書影》，甲寅之變，書皆不存。」他原本科舉考試就不如意，又遭遇這樣的家變，於是轉向著書、編書、刻書之路。放棄通過科舉晉身仕途的張潮，只能轉而著書立說，以此博得文壇聲名來自我安慰。他繼承了父親的詒清堂，把家刻改爲坊刻，成爲清初徽州府最大的坊刻家之一。這個時期的張潮，生活過得還算不錯，時常宴請賓客，著作繁多，在文壇也頗負盛名。

張潮醉心於讀書，所著詩文往往蘊含哲理、反映時事，還時常走訪山林與詩酒爲伴，交遊廣闊，算是過了一段生活無憂的日子。除了瀟灑恣意的生活書寫之外，張潮也曾因見到民生疾苦，而寫作詩歌以反映現實生活——康熙廿四年（一六八五年）江淮發生洪澇慘禍時，他見到了百姓爲水患所苦，因而寫下〈苦雨行〉一詩，詩中描寫因久雨而造成洪水潰堤的慘禍，詩中表達出對滿清政府施政不當與天災降臨的悲憤。十四年後，張潮的人生又遭遇了重大變故，一六九九年夏，五十歲的他因一樁政治案件被告發入獄，不久被釋放。這件事使他的生活陷入了困境，他曾在寫給友人的信中提到：「弟自前歲誤墮坑阱中，先人所遺盡為烏有，因自號為『三在道人』。」因爲這次的入獄，他只剩下田宅，其他的產業都沒有了。三在的含意是，田還在，屋還在，身還在——意指雖然生活困窘，但至少住的地方和吃的東西還是有的。此外，他晚年也開始常為病痛所苦，又加上生活貧困，日子過得並不如意。

能寫能編，是企畫能力極強的編寫者

前面提過，張潮因科舉不第轉而著書立說，致力於小品文學的編輯、蒐羅與創作，他的著作非常多，其中以《幽夢影》受到當時文壇關注並且流傳至今；其餘作品則有《虞初新志》、《昭代叢書》、《檀几叢書》、《花影詞》、《心齋聊復集》、《書本草》、《奚囊寸錦》、《飲中八仙令》、《張山來詩集》等等，但不全都是他的創作，有些故事是他蒐羅而來、加以編輯成書，並刻印發行的。例如：《虞初新志》，這是部清初短篇文言小說集，由張潮編輯成書，模仿漢代小說家虞初的《虞初志》而編纂體例，故稱「新志」。《昭代叢書》則收錄一些雜著文章，可能擷取了其中一部分的原文，另取一個篇名，將其改頭換面，文學價值並不高。《檀几叢書》收錄了經史子集、傳、禮節、家門訓戒、土物瑣屑一類的雜文小品，什麼人都適合閱讀。

張潮的作品除了《幽夢影》外，其餘並未受到文學界的重視，因此在中國文學史上很難見到有關他著作的介紹；因其著作繁多，以下僅挑選幾本較為有趣的予以介紹——

《書本草》，這是第一本以閱讀作為治療處方的書籍，模仿中國傳統藥草典籍的體例撰寫小品文，以揭示中藥藥性的方法來分析中國典籍的藥性、療效及副作用，可以作爲閱讀的參考借鑑，讀之引人莞爾一笑。這裡擷取一篇以作說明：

處方四：「諸子」

藥性：性寒、帶燥，味有甘者、辛者、淡者。

副作用：有大毒，服之令人狂易。

這裡的「諸子」，當指諸子百家的著作，諸如：《管子》、《老子》、《孔子》、《莊子》、《墨子》、《孟子》、《荀子》等書，這些都是先秦時代儒家、道家與法家的代表作，闡述人生哲理與待人處世的方法。至於爲何張潮說這些著作讀了之後的副作用會使人發狂輕慢，就有待讀者自行去體會了。

《奚囊寸錦》是在各種圖文中嵌入文字，這些文字都是韻文，體裁包含詩、文、詞、曲、騷、賦等等，讀的人需要有文學功底，沒有一定的讀法，讀來頗有趣味。

《飲中八仙令》是記載和介紹各種酒令的書籍，古代人聚會喝酒喜歡行酒令，形成了一種酒令文化，通常是輪流做詩詞或猜謎、猜拳等等，種類繁多。

《張山來詩集》，是張潮所作的詩集，共有兩個特色，其一，以多首詩闡述同一個主題；其二，藏題於詩中或在詩中解釋題目。

《聯莊》與《聯騷》：以《莊子》與屈原《楚辭》的原文作爲底本，拆解其中的文句，成爲具有新意的文章，相當別出心裁。

《七療》：張潮化身蕪園主人、與客人對話的文章。模仿屈原所寫《楚辭》其中一篇〈漁父〉的形式，藉由主客問答，引發內心的感嘆。

《貧卦》：以《周易》原典爲依據，對「貧困」做了一番解釋，帶有苦中作樂、用以自嘲的意味。

《花鳥春秋》：張潮寫生活的情趣，是對四季景物等進行觀察描寫的文章。

以上所述的《書本草》、《聯莊》、《聯騷》、《七療》、《花鳥春秋》等十多種雜著，均收錄在《檀几叢書》裡。張潮的著作還有很多，種類繁多，此處就略過不提。

張潮所往來的文人，以及《幽夢影》重要評點家介紹

張潮也曾有過一段衣食無憂的生活，他交遊廣闊，時常宴請文人雅士到家裡飲酒聚會，因此在文壇頗享名氣。當時與他往來的文人不在少數，其中有許多人替他的《幽夢影》撰寫了評點，這裡列舉幾位比較著名的評點家予以介紹——

張竹坡，生於一六七〇年（比張潮小廿歲），卒於一六九八年，名道深，字自德，號竹坡，銅山（今江蘇省徐州縣）人。屢次科舉不第，爲了謀生來到揚州，而結識了張潮，兩人頗有同病相憐之感嘆，遂結爲好友，甚且結拜爲叔姪，互贈著述。他曾替《幽夢影》寫下了八十三則評語，著名之作是評點《金瓶梅》，張潮化名爲謝頤爲其作序，可見兩人交情匪淺。張竹坡最後病逝，得年二十九歲。

孔尚任，生於一六四八年（比張潮大兩歲），卒於一七一八年，字聘之，又字季重，號東塘，又號岸堂，一號雲亭山人，山東省曲阜縣人。曾擔任國子監博士、戶部主事與員外郎等職務。提起孔尚任，大家對他的印象就是膾炙人口的戲曲《桃花扇》，他精通音律、書畫、考據，十分博學。他也喜歡交朋友，與張潮常有書信往來，也替《幽夢影》撰寫評語。

尤侗（侗讀作「同」），生於一六一八年（比張潮年長卅二歲），卒於一七〇四年，字同人，更字展成，號悔庵，晚號艮齋（艮讀作「跟」的二聲或三聲），又號西堂老人，江南蘇州府長洲縣（今江蘇省蘇州市）人，擅長寫作詩文。他和張潮從未謀面，卻一直有書信往來，兩人互相欣賞。他在《幽夢影》留下的評語也不在少數。

余懷，生於一六一六年（比張潮年長卅四歲），卒於一六九六年。字澹心，一字無懷，號曼翁、廣霞，又號壺山外史、寒鐵道人，自號鬘持老人（鬘讀作「蠻」），福建莆田黃石人。家裡很富有，沒有參加過科舉考試。他曾替《幽夢影》作序，文中對此書十分讚揚，足見兩人惺惺相惜之情溢於言表。

江之蘭，字含徵，號文房，又號雪香齋。清代安徽歙縣人，生卒年不詳。清初醫者，有關他的生平記載很少，曾著有《醫津筏》與《內經釋要》各一卷，《文房約》亦爲其作品，他還替《幽夢影》作了跋語。

《幽夢影》成書的思想背景

要了解一本書的思想內容，首先必須要先了解它的時代背景，因爲一本書不可能是憑空出現的，它的作者無可避免地受到了當代思潮的影響，所以我們得了解當時的社會與思想背景，才能了解《幽夢影》的思想內容。張潮是清朝人，但是他的文風與思想繼承了晚明與清代的思想潮流，所展現出來的文學風格自然也與這樣的時代背景有關。明代宋明理學盛行，科舉考試規定要寫作八股文，以箝制知識份子的思想，朝廷明令禁止讀書人關心時政，而朱元璋則制定了文字獄，使得當時文人動輒得咎，爲避免惹禍上身，寫字行文都很小心。到了晚明，君主昏庸無能，宦官把持朝政，知識份子對朝政更爲失望，遂轉而研究程朱理學，造成了「平時袖手談心性，臨難一死報君王」的普遍現象，晚明知識份子面對外族入侵，沒有辦法與之抗衡，就只能以身殉國了。到了清代，滿清入關統治，採取高壓與懷柔政策，文字獄更加嚴苛殘酷，導致文人更加不敢暢所欲言，紛紛轉向考據學上去鑽研。

中國的知識份子一向秉持「學而優則仕」的觀念，認爲十年寒窗苦讀就是爲了參加科舉考試，希望有朝一日能夠入朝爲官，實現自己經世濟民的理想抱負。當這條路行不通時，有些人就採取避世的態度，崇尚老莊思想，以求在亂世之中能夠全身保命。在此時，逃避現實、追求自我安逸的文學作品於焉誕生。明清時代，語錄體的小品文盛行，這類作品又被稱爲「清言」，源頭可以追溯自先秦時代的《老子》、《論語》。小品文之作在明清時代如雨後春筍般先後出現，如洪自誠的《菜根譚》、陳繼儒的《太平清話》等等，作者大多都是有智慧的文人，他們將自己的人生體悟表現在文學創作上。這類清言小品文的特色是，語言簡潔，多以論述人生體悟、生活情趣等爲主體，也包含了對生命與自然環境的反思。《幽夢影》就是在明末清初清言小品盛行的風氣下，張潮大概從卅歲開始書寫，寫到年約四十五歲左右已大致完備的一部作品，既繼承了前人創作的模式，又有自己的創新，帶給後人無限的啓發；他的思想獨特，擅長將日常生活中的人生體悟轉化爲語言文字，爲讀者帶來了一種清新雋永的美感體驗。

《幽夢影》內容與藝術成就

《幽夢影》一書，是張潮擷取生活種種體驗的片段，加上個人的心得與領悟所分享給讀者的；因此，無論是品花賞月、遊玩山水園林、彈琴飲酒、劍術棋藝、交友之道等風雅趣事，均包含了張潮的讀書心得與待人處世的反思等等，內容非常廣博，在感性之中又蘊含哲理，帶領人們賞花觀景的同時，又有人生哲理的體悟，這樣的隨筆書寫在《幽夢影》中俯拾即是——「**文章是案頭之山水，山水是地上之文章。**」（第九十七則）文章，有各種創作體裁，這些體裁是文學的表現形式，就如同山水河川各有千秋是大地不同風貌的展現，張潮以山水風貌來比喻文學體裁可謂十分傳神。除此之外，也意味著，文學藉由語言文字可傳神地描寫山水風貌，使讀者一翻開書卷就能領略到自然山川之美；而自然的山水美景則跳脫了語言文字之外，以另一種方式表現出自然造化創造天地美景的鬼斧神工。如此將人文創作的文學作品與自然山川巧妙結合在一起，的確可以看出張潮創新的思想筆觸。

《幽夢影》一書也給予了讀者廣大的想像空間，可以鍛鍊我們的創造力與聯想力──「**因雪想高士；因花想美人；因酒想俠客；因月想好友；因山水想得意詩文。**」（第四十則）。看到白雪，就想到高人隱士，以白雪的玉潔冰清來比喻隱士崇高無瑕的節操；看到花，就想到如花一樣綻放的美人；看到酒，就想到豪放不羈的俠客；看到月亮，就想到與好友一同邀月賞景的快樂時光；看到山水，就想到許多描寫山川景物的詩歌文章。除了聯想之外，還帶給了讀者諸多美感體驗的描寫，如美人、山水等等都是。

張潮擅長使用摹寫、譬喻、借代、映襯等修辭技巧，讓文字書寫更顯生動活潑──「**莊周夢為蝴蝶，莊周之幸也；蝴蝶夢為莊周，蝴蝶之不幸也。**」（第廿一則）這裡便是運用了對偶的修辭技巧，前後兩句形式上整齊對稱，所論述的內容相互映襯，以「莊周之幸」映襯出「蝴蝶之不幸」，前者能夠脫離生命的枷鎖，說是莊周的幸運；而後者蝴蝶從原本逍遙自在的心靈狀態，進入到生命枷鎖的桎梏，所以說是不幸，兩相對照形成一種更強烈的對比，能夠給讀者更深刻的印象。

本書的撰寫秉持著「前修未密，後出轉精」的原則，在前人研究的基礎上，我試圖更深刻地將《幽夢影》的思想內容揭露出來，以求了解作者的原意。在版本的選擇上，則採用馮保善註譯、黃志民校閱的《新譯幽夢影（二版）》（台北：三民書局出版）與尤君若評註的《幽夢影》（北京：中華書局出版），這兩個版本雖然都是近人校註的版本，但校註者都以善本書爲底本校勘過，在版本內容上堪稱可信。馮保善先生的註譯，是依據《昭代叢書》本作爲底本；尤君若先生的評註，是依據道光世楷堂《昭代叢書》本作爲底本，並參考近年出現的幾種整理版本而成。

參考書目

■古籍註疏

張潮撰，尤君若評註，《幽夢影》（北京：中華書局，二〇一八年九月）

郭慶藩，《莊子集釋》（台北：天工出版社，一九八九年）

馮保善註譯，《新譯幽夢影》（台北：三民書局，二〇一六年六月）

樓宇烈，《王弼集校釋・老子指略》（台北：華正書局，一九九二年十二月）

■近人專著

王邦雄，《莊子內七篇・外秋水・雜天下的現代解讀》（台北：遠流，二〇一三年五月）

王邦雄，《老子道德經的現代解讀》（台北：遠流，二〇一〇年二月）

王邦雄等著，《中國哲學史》（台北：里仁書局，二〇〇六年九月）

牟宗三，《中國哲學十九講》（台北：台灣學生書局，一九九九年九月）

朱良志，《中國美學十五講》（北京：北京大學出版社，二〇〇六年）

竺家寧，《聲韻學》（台北：五南圖書出版股份有限公司，二〇〇二年十月）

林尹編著，《訓詁學概要》（台北：正中書局，一九七二年）

林尹編著，《文字學概說》（台北：正中書局，二〇〇二年七月）

馬積高、黃鈞主編《中國古代文學史1—4冊》（台北：萬卷樓圖書股份有限公司，二〇〇三年）

高旖璐，《張潮與《幽夢影》》（台北：萬卷樓圖書股份有限公司，二〇〇四年一月）

■電子工具書

教育部重編國語辭典修訂本 http://dict.revised.moe.edu.tw/cbdic/

教育部異體字字典 https://dict.variants.moe.edu.tw/variants/rbt/home.do

《漢語大辭典》（光碟版）

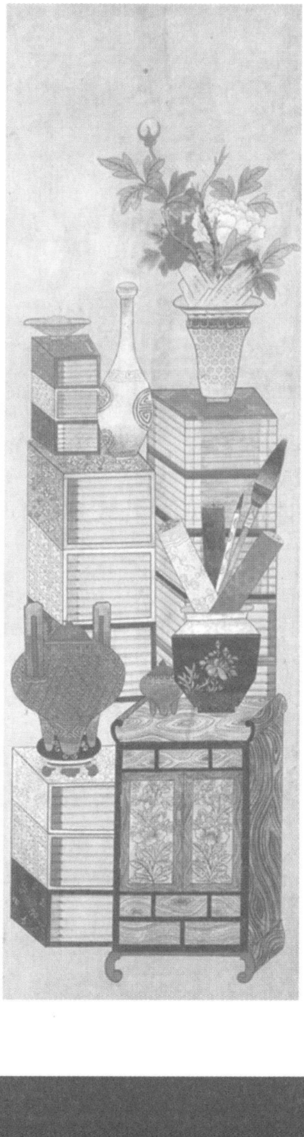

余懷序

余窮經讀史之餘，好覽稗官小說[1]。自唐以來，不下數百種。不但可以備考遺忘，亦可以增長意識。如遊名山大川者，必探斷崖絕壑；玩喬松古柏者，必采秀草幽花。使耳目一新，襟情怡宕[2]。此非頭巾褦襶[3]章句腐儒之所知也。故余於詠詩撰文之暇，筆錄古軼事、今新聞。自少至老，襍[4]著數十種。如《說史》、《說詩》、《黨鑑》、《盈鑑》、《東山談苑》[5]、《汗青餘語》、《硯林》[6]、《不妄語述》、《茶史補》[7]、《四蓮花齋襍錄》、《曼翁漫錄》、《禪林漫錄》、《讀史浮白集》、《古今書字辨訛》、《秋雪叢談》、《金陵野抄》之類[8]。雖未雕板問世，而友人借抄，幾遍東南諸郡，直可傲子雲而睨君山[9]矣。天都張仲子心齋，家積縹緗[10]，胸羅星宿[11]，筆花繚繞，墨瀋[12]淋漓。其所著述，與余旗鼓相當，爭奇門富，如孫伯符與太史子義相遇於神亭[13]，又如石崇、王愷擊碎珊瑚[14]時也。其《幽夢影》一書，尤多格言妙論，言人之所不能言，道人之所未經道。展味低徊，似餐帝漿沆瀣[15]，聽鈞天之廣樂[16]，不知此身在下方塵世矣。至如：「律己宜帶秋氣，處世宜帶春氣」、「婢可以當奴，奴不可以當婢」、「無損於世謂之善人，有害於世謂之惡人」、「尋樂境乃學仙，避苦境乃學佛」，超超元箸[17]，絕勝支、許清談[18]。人當鏤心銘腑，豈止佩韋[19]書紳而已哉。

1 稗官小說：講述街頭巷尾的雜談和市井傳奇故事的小說，即野史小說。稗（讀作「敗」）官，本指小官，後來成為野史小說的代稱。

2 襟情：蘊藏於心中的情感。怡宕：宕，讀作「盪」，灑脫自在。

3 頭巾：此指思想迂腐。褦襶：讀作「奈戴」，指愚昧無知，不明事理。

4 襍：讀作「雜」，同今雜字，是雜的異體字。

5《東山談苑》：清代余懷撰，蒐羅古人軼事的筆記小說。

6《硯林》：清代余懷撰，現存，收錄於道光世楷堂《昭代叢書》，記載各種硯臺與其擁有者。

7《茶史補》：清代余懷撰，現存，收錄於道光世楷堂《昭代叢書》。因清朝同一時代之人劉源長曾於康熙十四年（一六七五年）作、刻印《茶史》一書，裡頭詳敘並收錄了有關茶學的內容及歷來史料。余懷亦有愛茶嗜好，曾作《茶苑》一書，可後來因看到劉源長的《茶史》，而盡刪《茶苑》中自己的記敘，僅留存古書的記載，並將書名改為《茶史補》。

8《說史》等十六本書：余懷在序文中列出了自己的十六部著述，但除了《東山談苑》、《硯林》、《茶史補》三書以外，其餘可能均已失傳，余懷在文中自言這些書並未雕版問世，故筆者推測失傳的可能性很大，內容為何也不得而知，大抵應當是些雜著之類的文章。

9 傲子雲而睨君山：子雲指的是揚雄，君山指的是桓譚。這句話的意思是說，我余懷讀過的書很多、涵蓋的範圍甚廣，認為自己的學識足可媲美西漢兩大文學家揚雄與桓譚。揚雄（西元前五三年至西元一八年），字子雲，西漢蜀郡成都（今四川成都郫都區，郫讀作「皮」）人。在文學上很有造詣，擅長辭賦（如：《蜀都賦》、《長楊賦》），對後世辭賦影響深遠。桓譚（西元前二三年至西元五六年），字君山，西漢相（今安徽省濉溪縣，濉讀作「雖」）人，頗有文才，著有《新論》一書。

10 縹緗：縹，讀作「飄」的三聲。古人多以青白色和淺黃色的絹帛，作為書衣或者收藏書本，後借指珍貴的書籍。

11 胸羅星宿：比喻胸中藏有廣博的學識，才華超群，是有遠見的智慧之人。

12 墨瀋：墨汁。

13 孫伯符與太史子義相遇於神亭：指的是孫策與太史慈在神亭（今江蘇金壇北）相遇，兩人遂比試一番，猛勇不分軒輊的故事。孫伯符（一七五年至二〇〇年），即孫策，字伯符，吳郡富春（今浙江杭州富陽）人。他是孫堅的長子、孫權的哥哥，奠定了東吳的勢力，為三國時期的東吳發展打下良好的基礎。太史子義（一六六年至二〇六年），即太史慈，字子義，青州東萊黃縣（今山東龍口）人，擅長騎馬射箭，為東漢末年孔融的客將，後投靠孫策，助其掃平江東一帶。

14 石崇、王愷擊碎珊瑚：這是王愷與石崇鬥富的故事，兩人家中都很富有，時常互相比拚。有一次，晉武帝把宮裡的一株高兩尺多的珊瑚樹賞賜給王愷，王愷高興地展示給石崇看。石崇故意把珊瑚樹打碎，接著便拿出自己家中的珊瑚樹，而且比石崇的更高更好，王愷只能自嘆不如了。石崇（二四九年至三○○年）：字季倫，小名齊奴。西晉時代，勃海郡南皮縣（今河北省滄州市南皮縣）人。受到晉武帝器重，擔任修武縣令、散騎侍郎和城陽太守等官職。石崇打劫商旅以致富。石崇有一伎女綠珠，美貌絕倫，孫秀向石崇討要綠珠而被拒絕，因此懷恨在心，遂勸司馬倫誅殺石崇，而導致其全家被殺害。王愷，生卒年不詳，字君夫，西晉時代的東海郡郯縣（今山東郯城）人。是司馬昭的妻弟，他的姊姊是文明皇后王元姬，是當朝外戚，身分尊貴，且性格豪放奢侈。

15 帝漿沆瀣：仙人喝的露水，比喻文章用詞精妙絕倫。沆瀣，讀作「航」的三聲＋「蟹」，為夜晚的水氣，即露水，古人認為是仙人所喝的水。

16 鈞天之廣樂：天上所演奏的音樂，比喻文章非常精湛絕妙，人間少有。

17 超超元箸：形容文辭高妙，文章立論明確。典故出自南朝宋，劉義慶所撰的《世說新語．言語篇》：「我與王安豐說延陵、子房，亦超超玄箸。」這句話的意思是：「我（王衍）與王戎、季札、張良的文章，皆立論高妙。」

18 絕勝支、許清談：遠勝東晉名士支道林和許詢的清談。清談：魏晉時期的名士，從事談論玄學的活動，稱為「清談」；玄學指《老子》、《莊子》和《易經》，此三者並稱三玄。支道林和許詢都是東晉時代有名的名士，兩人皆以善談玄言揚名當世。支道林（三一四至三六六年），名遁，字道林。東晉河南陳留人。是出家人，俗姓關。廿五歲時出家，好談玄言，常在白馬寺與劉系之、馮懷等人談論《莊子逍遙篇》，注《莊子．逍遙篇》。是般若學六大家之一，今有輯本《支遁集》。許詢，生卒年不詳，字玄度，東晉時代高陽（今河北蠡縣，蠡讀作「李」）人。好黃老（早期的道家思想），擅長寫文章，以玄言詩著名。曾與王羲之、謝安、孫綽、等人宴集會稽山陰蘭亭，眾人賦詩，輯之以為《蘭亭集序》。

19 佩韋：韋，即熟牛皮，這種皮質柔軟堅韌，個性急躁的人配戴以警惕自己不要魯莽衝動。

我在鑽研經史的閒暇，喜歡閱讀野史小說，從唐代開始至今這類小說達數百種之多，不但可以考察前人留下的紀錄，也可以增長知識。就好像，遊歷名山大川，一定要去人跡罕至的地方；賞玩松柏植物，一定要探尋罕見的花草品種，讓人耳目一新，使心情輕鬆愉悅。這不是那些食古不化、只懂得尋章摘句的迂腐文人能夠理解的。所以，我在吟詠詩文的空閒之時，抄錄古今軼事、新聞。從年輕到老年著有數十種雜著，如《說史》、《說詩》、《黨鑑》、《盈鑑》、《東山談苑》、《汗青餘語》、《硯林》、《不妄語述》、《茶史補》、《四蓮花齋襍錄》、《曼翁漫錄》、《禪林漫錄》、《讀史浮白集》、《古今書字辨訛》、《秋雪叢談》、《金陵野抄》一類。雖然沒有雕刻印刷成書廣爲發行，然而朋友之間互相借閱抄錄，幾乎遍佈東南各郡縣，簡直可以傲視揚雄與桓譚了。

黃山張眾子心齋先生，家中藏書萬卷，知識廣博，才學超群出眾，妙筆生花，墨跡淋漓。他的著述和我不相上下，我們彼此相比劃，就像孫策與太史慈在神亭相遇大戰一番，又如石崇、王愷爲了比拚財富而擊碎珊瑚。張潮的《幽夢影》一書，有很多格言妙論，道出一般人未能說出之語，講出了別人未能講述的思想內涵，值得讓人再三回味，有如喝著仙人所飲的露水，聽著天上的仙樂，而忘卻自己身在凡塵俗世之中。至於像「約束自己應當像秋天的肅殺之氣般嚴厲，待人處事應當像春風那般溫煦柔和」、「婢女可以做奴僕做的粗活，奴僕卻不能代替婢女做細活」、「對世人無害稱爲善人，對世人有害稱爲惡人」、「要追尋極樂境界就學仙道，要躲避苦難就學佛」這些言論高妙精闢，比起支道林和許詢更勝一籌。人們應當銘記於心，不只是放在案頭引以爲戒而已。

鬘持老人余懷廣霞製

江之蘭跋

抱異疾者多奇夢，夢所未到之境，夢所未見之事，以心為君主之官，邪干之[1]故如此。此則病也，非夢也。至若夢木撐天[2]，夢河無水[3]，則休咎應之[4]；夢牛尾，夢蕉鹿[5]，則得失應之。此則夢也，非病也。心齋之《幽夢影》，非病也，非夢也，影也。影者惟何？石火[6]之一敲，電光[7]之一瞥也。東坡所謂「一掉頭時生老病，一彈指頃去來今」也。昔人云「芥子具須彌」[8]，心齋則於倏忽備古今也。此因其心閒手閒，故弄墨如此之閒適也。心齋豈長於勘夢者也？然而未可向癡人說也。

寓東淘香雪齋江之蘭草

1邪干之：此指邪氣侵犯人體。邪，中醫說法是邪氣，當自然界的氣候變化太過急驟時，人體的正氣不足以抵禦，就容易產生疾病。干：觸犯。

2夢木撐天：這句話出自晉代王敦的典故。他想要謀反，晚上夢見一木撐天，請許真君解夢，許真君解道：「一木撐天為未，不可妄動。」這句話的意思是：「一棵樹支撐著天，如果輕舉妄動的話，天就會塌下來。」

3夢河無水：夢見河乾枯無水，即渴，渴與可同音，表示「可」的意思。

4休咎應之：夢境反映人的吉凶禍福。休咎，吉慶與災禍。

5夢蕉鹿：蕉鹿，指一頭鹿的身上有蕉葉覆蓋住，夢見蕉鹿，表示會失去東西。典故出自《列子・周穆王》：「鄭人有薪於野者，遇駭鹿，御而擊之，斃之。恐人見之也，遽而藏諸隍中，覆之以蕉，不勝其喜。俄而遺其所藏之處，遂以為夢焉。」這個故事大意是說：「鄭國有個樵夫在野外遇到一頭鹿，將牠擊斃，樵夫得到這頭鹿很高興，怕別人把他的鹿偷走，就用芭蕉葉蓋在牠身上，將之藏起。後來又去了藏鹿的地方，才發現鹿已經不見了，就覺得這件事是一個夢。」

6石火：石頭撞擊時所產生的火光，存在時間非常短暫，比喻極短的時間。

7電光：雷鳴閃電也是轉瞬即逝，比喻時間短促。

8芥子具須彌：一個小小的菜籽剛好容得下一整座須彌山，以此形容佛法神通廣大。

罹患疑難雜症的人常夢見奇幻詭譎之事，像是夢到從未去過的地方，夢到從來沒看過的事情。心，是主宰人生命的器官，受到邪氣侵犯，便容易有這種情形發生；這是一種疾病，並非夢境。至於夢到一棵樹支撐著天際，或者夢到河水枯竭這種反映人事吉凶禍福的夢，又如夢到牛尾、蕉鹿諸如此類應驗人事得失的夢，則是夢兆而非疾病。

至於心齋先生所寫的《幽夢影》，不是疾病，也不是夢兆，而是影子。什麼是影子？就像石頭擦撞時所產生的火花，轉瞬即逝的閃電。這也正是蘇東坡所說：「一轉頭就經歷了生老病死，一彈指的時間就包含了從古至今這麼漫長的歲月。」以前曾有人說過「一粒小菜籽就能容下一整座須彌山」，心齋先生則在一瞬間便盡收古今。這是因爲他有閒心也有空閒，才能如此閒適地舞文弄墨。是以，心齋先生怎會是長於勘查夢境的人！然而此中道理可沒法向愚癡之人說清道明。

寓東淘香雪齋江之蘭草

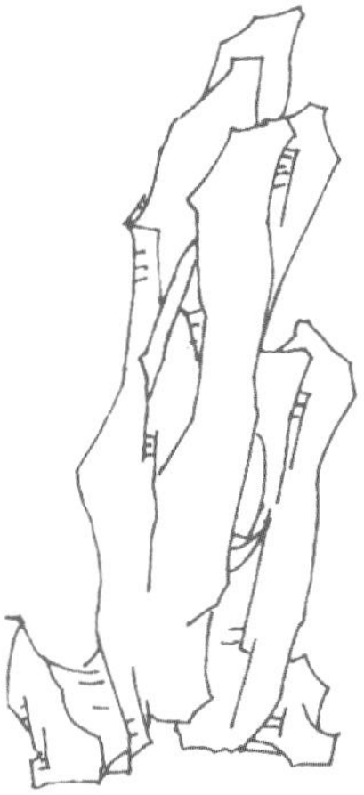

（編按：此篇跋語，若依一般成書格式，本應放在書末。然此跋對後世之人而言，亦如《幽夢影》原典般成了經典文章，故本書將序、跋兩篇文章一前一後收錄，以達呼應對照之美，以使《幽夢影》一書題旨更鮮明。）

閱《水滸傳》至魯達打鎮關西

閱《水滸傳》至魯達打鎮關西、武松打虎，因思人生必有一椿極快意事，方不枉在生一場。即不能有其事，亦須著得一種得意之書，庶幾無憾耳。（如李太白有貴妃捧硯事[1]，司馬相如有文君當壚事[2]，嚴子陵有足加帝腹事[3]，王之渙、王昌齡有旗亭畫壁事[4]，王子安有順風過江作〈滕王閣序〉事[5]之類。）

1 李太白有貴妃捧硯事：傳說唐玄宗天寶年間，李白擔任翰林院供奉時，曾在一次喝醉酒後，命高力士替他脫靴，楊貴妃為他捧硯臺。典出宋代劉斧《摭遺》：「李白失意，遊華山，過縣，宰方開門決事，白乘醉跨驢過門，宰怒，不知太白也。引至庭下曰：『汝何人？輒敢無禮！』白乞供狀，狀無姓名，曰：『曾龍巾拭吐，御手調羹，貴妃授硯，力士抹靴，天子殿前，尚容走馬，華陰縣裡，不得我騎驢？』宰驚起，揖曰：『不知翰林至此。』太白跨蹇而去。」明代馮夢龍《警世通言．李謫仙醉草嚇蠻書》一篇故事中，也記載了此事，只是將捧硯之人換成楊國忠。

2 司馬相如有文君當壚事：漢代卓文君為富商卓王孫之女，有文才。時值文君新寡，與才子司馬相如私奔至臨邛（古縣名，位於四川西部；邛讀作「窮」），兩人貧困，遂與司馬相如在此當壚（賣酒）為生。事見司馬遷《史記．司馬相如列傳》。

3 嚴子陵有足加帝腹事：東漢人嚴光與光武帝劉秀年輕時曾一同遊學，劉秀稱帝後召其入朝為官，嚴光推辭不受，兩人同榻而臥，談論過往舊事，睡著後，嚴光甚至將腳放到了劉秀的腹上。事見《後漢書．逸民列傳．嚴光傳》記載：「因共偃臥，光以足加帝腹上。」嚴子陵，即嚴光，又名遵，字子陵，東漢隱士，生於西漢末年，會稽郡餘姚縣（今浙江省寧波市餘姚市）人。光武帝劉秀曾多次聘請他入朝為官，他都推辭不就，隱居於富春山。

4 旗亭畫壁事：事見唐代薛用弱《集異記》。唐玄宗開元年間，詩人王昌齡、高適、王之渙三人齊名，其時三人詩曲廣為傳唱。有天，他們到旗亭（酒樓）喝酒，便約定看誰的詩最為歌妓所唱，就算獲勝。他們各自在牆上作記號以計數，席間，王昌齡畫了兩筆，高適畫了一筆，王之渙急了，指著一名最有風姿的歌妓說：「等會兒她所唱的詩若非我所作，那我便永遠不和你們爭高下了。」此女後來果真唱了王之渙的名作：「黃河遠上白雲間，一片孤城萬仞山。羌笛何須怨楊柳，春風不度玉門關。」。

5 王子安有順風過江作〈滕王閣序〉事：典出宋代曾慥《類說》。初唐唐高宗時期詩人王勃，字子安，乘船行至江西境內馬當一地，遇一老翁告知，翌日滕王閣有場官宴，若在宴會上為文，當能傳世。滕王閣位於今日南昌，馬當離那兒尚有七百里遠，幸得風神（即該老翁）相助，王勃得在夜裡順風行舟，及時赴宴揮就了〈滕王閣序〉，留下「落霞與孤鶩齊飛，秋水共長天一色」名句，享譽文壇。

6 張竹坡：本名張道深，其人介紹請見本書〈編者導讀〉文章。

7 陸雲士：本名陸次雲，字雲士，浙江錢塘（今浙江杭州）人，拔貢生，擔任江蘇江陰知縣等官職。著有《澄江集》、《北墅緒言》。

8 弟木山：張潮的弟弟張漸，字木山，曾參與《昭代叢書》的編纂工作。

9 中山狼：典出明代馬中錫寓言故事《中山狼傳》，有匹狼中了一獵戶的箭而逃命，為東郭先生所救，後卻要吃掉這位自己的恩人，以此比喻恩將仇報之人。康熙卅八年（一六九九年），張潮遭人陷害而曾短暫繫獄；他後來曾在編纂《虞初新志・劍俠傳》時，提到「吾嘗遇中山狼，恨今世無劍俠……」，張潮之弟張漸定然知道此事，故藉此則評點以為感慨。

◆**張竹坡 6 評點**：此等事，必須無意中方做得來。

這類事情，必得出於無意才做得出來。

◆**陸雲士 7 評點**：心齋所著得意之書頗多，不止一打快活林、一打景陽崗稱快意矣。

心齋寫出的得意之書頗多，誰說在快活林、在景陽崗施展拳腳功夫才能稱得上是快意之事。

◆**弟木山 8 評點**：兄若打中山狼 9，更極快意。

兄長若能拳打那恩將仇報的中山狼，肯定更加快意。

白話翻譯

閱讀《水滸傳》，看到魯智深拳打鎮關西、武松在景陽崗打虎這些地方，就想到人的一生一定要做一件讓自己感到暢快的事，這才不枉生而為人。假使無法做出暢快之事，也要寫出一本令自己滿意的書，這樣才算是沒有遺憾。

（像李太白有貴妃捧硯的事，司馬相如有卓文君為他當壚賣酒的事，嚴子陵有腳放在光武帝劉秀肚子上的事，王之渙、王昌齡有在酒樓畫壁比賽詩名高低的事，王勃有神仙順風送他過江作〈滕王閣序〉的事，諸如此類。）

賞析

不過，無論是哪個時代，誰的內心都痛恨不公不義，因此讀《水滸傳》時，看到魯智深和武松等綠林好漢能痛痛快快地揍打一場，也不無稍解心中鬱悶之效。除此之外，張潮還列舉了詩仙任性而為、才子佳人愛相隨、皇帝為舊識、詩友仨比劃，以及神仙相助這五件令他嚮往的快意事。

然而對於張潮這樣的文人來說，力所能及的快意事，自是寫出一本能夠流傳千古的得意之作，又或者是能夠享譽文壇，為世人所讚頌，這才能算得上是快意人生。人生想要的往往比得到的多，儘管張潮在當時文壇小有名氣，可他一直對自己仕途不順頗感悵然，也許正因如此，所以更想證明自己的才學，於是努力編纂刻印書籍，終於留下了《幽夢影》這部傳世名作，讓後世之人深深記住了他的名字，以及他對人生美與善的追求。人生快意之事，每個人的解讀與想望都不同，你的呢？

春風如酒

春風如酒，夏風如茗，秋風如煙、如薑芥。

1許筠庵：本名許承宣（？年至一六八五年），字力臣，號筠庵，清代歙縣（今安徽歙縣唐模，歙在此讀作「社」）人，寄籍江都（今江蘇揚州）。康熙十五年（一六七六年）進士，為官未久，返鄉後卒於家中。著有《宿影亭稿》、《青岑文集》、《西北水利議》等書。

2秋風客：有人會生出一些事端或藉口來，要有錢人「資助」他。

3張竹坡：本名張道深，其人介紹請見本書〈編者導讀〉文章。

白話翻譯

春天的風暖如醇酒，夏季熏風涼如香茗，肅秋的風嗆如煙，烈如生薑芥末。

◆**許筠庵**1 **評點**：所以秋風客2 氣味狠辣。

這就是為什麼，那些乘機向人索討錢財之人的嘴臉，如此凶惡狠毒了。

◆**張竹坡**3 **評點**：安得東風夜夜來？

要怎麼樣才能讓東風夜夜都吹來？

賞析

本文以生動的比喻，分別說明了張潮對春風、夏風、秋風的感受——春天才剛告別冬天的凜冽，準備迎來蓬勃生機，是以風中雖仍透著寒意，實則夾帶了稍許暖意，又不似夏季那般酷熱，正有如一杯醇酒下肚般，初時覺得冷，片刻後身體便微微發熱了起來。夏季天氣十分炎熱，當有涼風自南而來時，讓人頓感清爽，正有如品了杯香茗那樣，沁人心脾，回甘再三。秋季即將進入冬天，風中漸帶有蕭瑟肅殺的寒意，有如被煙氣蒸薰般嗆人，也有如嘗到生薑、芥末般辛辣猛烈。

張潮一向喜於觀察四時風物，更善於將觀察後的心得以具象生活事物比擬，如在本則小品文中，他分別將對春風夏風秋風的感受，比之以醇酒清茗煙氣薑芥，十分入世而生動。待下一回相應的季節來臨時，不妨感受看看那風中的滋味，也許你也將自有所得。

冰裂紋極雅

冰裂紋[1]極雅，然宜細不宜肥，若以之作窗欄，殊不耐觀也（冰裂紋須分大小，先作大冰裂，再於每大塊之中作小冰裂，方佳）。

◆**江含徵**[2] **評點**：此便是哥窯紋[3]也。

這說的是宋朝有名的哥窯瓷器的紋路。

◆**靳熊封**[4] **評點**：「一片冰心在玉壺[5]」，可以移贈。

「一片冰心在玉壺」這句詩，正可轉贈給意趣高雅、寫就此文之人。

1 冰裂紋：指瓷器在燒製時，歷經高溫冷卻後，表面釉層裂開，出現了像冰裂開後的不規則花紋，在絲毫不影響器皿的使用性之餘，後來巧妙成了瓷器特有的裝飾圖案。

2 江含徵：本名江之蘭，其人介紹請見本書〈編者導讀〉文章。

3 哥窯紋：哥窯，指宋代浙江人章生一在浙江龍泉地方所打造的瓷窯。哥窯出產的瓷器，以冰裂紋聞名。

4 靳熊封：本名靳治荊（靳讀作「進」），字熊封，號書樵、雁堂，清漢軍鑲黃旗人。歷任安徽歙縣知縣（歙在此讀作「社」）、江西吉安知府。著有《思舊錄》《金陵覽古詩》等等。

5 一片冰心在玉壺：此為唐代詩人王昌齡的詩句（〈芙蓉樓送辛漸〉：寒雨連江夜入吳，平明送客楚山孤。洛陽親友如相問，一片冰心在玉壺。）意指自己仍堅守著高潔清亮的品德，沒有為塵世所染。冰壺，原指盛冰的玉壺，此語最早出自魏晉南北朝時期南朝梁的文學家劉孝標（以注釋《世說新語》聞於世），後來才在一百多年後的唐朝開始廣為文人引申使用。

白話翻譯

冰裂紋非常雅致，然而紋路應該細密，而不該粗肥。如果將這種紋路拿來做窗欄，則會因細碎不一，而很不耐看。（冰裂紋應當區分大小，先製作出大的冰裂紋，再於每個大冰裂紋中，分別製作出小冰裂紋，這才算得上是佳品。）

賞析

一件瓷器是由釉面與胎體兩個部分所組成，胎體指的是構成瓷器的本體，釉面是指塗在瓷器表面、帶有光澤的顏料。冰裂紋是在燒製陶器時，利用釉面與胎體彼此熱膨脹係數之間的差異，待冷卻收縮後而產生的裂紋。這裂紋只存於表面，胎體實際上仍完好無損，並不影響瓷器本身的使用，甚至具有美觀的收藏價值。是以，冰裂紋並非瓷器本身的瑕疵，反而有裝飾性，至於什麼樣的裂紋才美則見仁見智。

光潤圓亮的瓷器看久了令人生厭，是以中國人喜歡瑕疵美，喜歡追求看起來有裂紋的瓷器。瓷器在燒製時，裂紋是不可預期的，而隨著裂紋大小疏密的不同，也有不同的名字，這種有裂紋的瓷器統稱爲「開片」，冰裂紋就是其中之一。冰裂紋，除了視覺上美觀之外，還蘊含著吉祥的寓意，代表冬去春來、萬象更新之意。

張潮這則小品文，探討了冰裂紋的審美鑑賞之道，及其製作的技巧方法，足見他不僅懂得瓷器之美，還懂瓷器的製作，確然是位興趣廣泛、意趣風雅的文人。

鳥聲之最佳者

鳥聲之最佳者，畫眉[1]第一，黃鸝[2]、百舌[3]次之。然黃鸝、百舌，世未有籠而畜之者。其殆高士之儔[4]，可聞而不可屈者耶。

1 畫眉：因眼睛周圍有一白圈，並延伸出一條狀如眉毛的白線而得名；常為中國人做為籠鳥而畜養。

2 黃鸝：黃鶯的別名，叫聲婉轉動聽。鸝，讀作「離」。

3 百舌：又名山麻雀，擅長模仿各種鳥叫聲，有如百鳥之音，故稱。

4 儔：讀作「愁」，指同類。

5 江含徵：本名江之蘭，其人介紹請見本書〈編者導讀〉文章。

6 打起黃鶯兒：此為唐代詩人金昌緒的詩句（〈春怨〉：打起黃鶯兒，莫教枝上啼。啼時驚妾夢，不得到遼西。）詩中情境是，黃鶯的啼叫擾人清夢，因此敲打枝椏、將牠趕走。

7 陸雲士：本名陸次雲，字雲士，浙江錢塘（今浙江杭州）人，拔貢生，擔任江蘇江陰知縣等官職。著有《澄江集》、《北墅緒言》。

8 黃鶯住久渾相識，欲別頻啼四五聲：此為唐代詩人戎昱的詩句（〈移家別湖上亭〉一詩：好是春風湖上亭，柳條藤蔓繫離情。黃鶯住久渾相識，欲別頻啼四五聲。）

◆**江含徵**[5] **評點**：又有「打起黃鶯兒[6]」者，然則亦有時用他不著。

也有「打起黃鶯兒」這樣的詩句，可見美聲也有用不著的時候。

◆**陸雲士**[7] **評點**：「黃鶯住久渾相識，欲別頻啼四五聲[8]」，來去有情，正不必籠而畜之也。

「黃鶯住久渾相識，欲別頻啼四五聲」這樣的詩句道出，黃鸝無論前來或離去，無不對人懷抱著情感，這正是無須以籠子豢養牠的緣故。

白話翻譯

鳥鳴聲最動聽的，畫眉排第一，黃鸝、百舌次一等。然而黃鸝、百舌，世間沒有人用籠子加以豢養。牠們大概屬於高潔隱士一類，只能聞其聲，而不能使其屈於人下。

賞析

歐陽修寫過〈畫眉鳥〉這樣一首小詩：**「百囀千聲隨意移，山花紅紫樹高低。始知鎖在金籠聽，不及林間自在啼。」**這首詩是在描寫畫眉鳥，其叫聲動聽婉轉，人們因牠叫聲悅耳所以用籠子畜養，但對於畫眉鳥來說等同於失去了自由，不及在山林中瀟灑自在。是

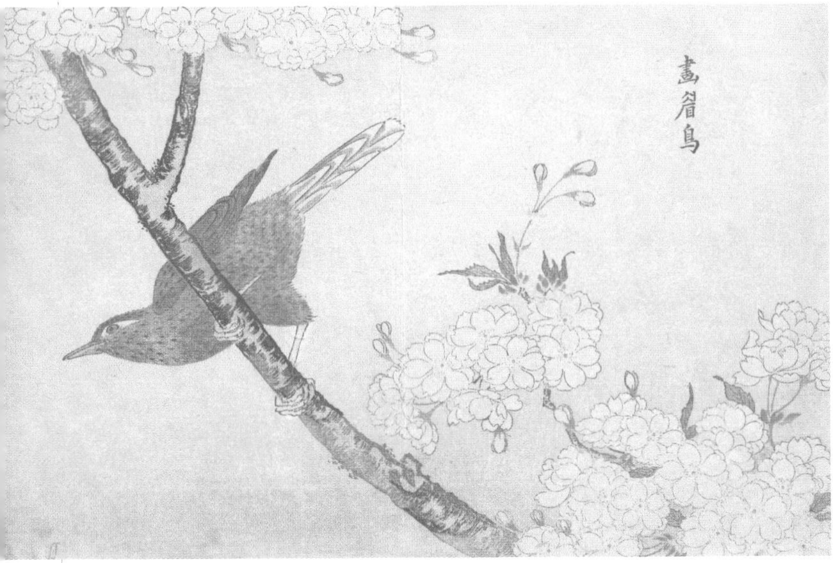

以，像黃鸝、百舌這樣的鳥，因叫聲不若畫眉動聽而少爲人類所豢養，反倒保有了自由，得以快意於山林之間。

張潮的聯想力無疑是相當豐富的，不僅喜以花喻人，這回連黃鸝、百舌二鳥都讓他比喻爲了清高自守、不輕易向人彎腰屈服的志潔隱士。官場對才華洋溢的人來說，無異於豢養畫眉鳥的樊籠，處境看似高貴，實則得爲了名利權勢而低頭，爲了保住一切而同流合污，一次又一次鳴叫出眞心難辨的動人歌聲。因此，對於心中常存著一把道德、理念之尺的人來說，能把守住操守才是最要緊的，就算要他在山林田園間遺世獨立地勉強活存，他也以做一名困苦的隱士爲傲，那是風骨凜然的傲，是份舉世皆濁我獨清的傲。

當然，我們也不能忘了，畫眉鳥何其無辜——叫聲最爲美好，可這份美好卻是詛咒，讓牠成了失去自由的籠中鳥，難怪張潮要在本書第一三〇則中提到「紅顏者必薄命」了。

不治生產

不治生產，其後必致累人；專務交遊，其後必致累己。

1江含徵：本名江之蘭，其人介紹請見本書〈編者導讀〉文章。

白話翻譯

不替自己的營生努力打算，以後必定拖累別人；只管忙著結交朋友、四處遨遊，以後必定拖累自己。

賞析

一個人，如果從來不好好地經營自己的工作與事業，那麼到頭來很可能得依靠他人幫助才能生存下去，這就是拖累別人。張潮在此說「**治生產**」，可當作努力培養自己的專業來解釋。無論是有家業可繼承的人，或是得老老實

◆**江含徵**1**評點**：今之人未必肯受你累，還是自家穩些的好。

現在的人未必肯被你連累，還是自己安穩度日為好。

實實從事營生的人，都應該趁年輕時好好地做所當做，積累更爲強韌的實力，而不是早早便開始享福、追求逸樂，或是毫無目標與進取之心地終日懶散，到頭來，幸福很可能會從預支變成透支，懶散變成了頹喪，這樣的光景很難不淒涼，很難不連累別人。

而順著前面所提之事來看，喜愛享福找樂趣之人，往往會希望有人跟自己共享同樂，這樣才夠痛快，或者才能好好地炫耀。有許多人於是把酒肉朋友當作了一種行當，很難說誰是龍誰是蛇，但終究是雜處在了一塊兒，後果當然得自負；所以張潮說，只顧著使性而爲地結交朋友，四海通遊，最終將自己拖累了自己。

昔人云「婦人識字，多致誨淫」

昔人云：「婦人識字，多致誨淫①。」予謂此非識字之過也。蓋識字，則非無聞之人；其淫也，人易得而知耳。

1 婦人識字，多致誨淫：這句話出自明代徐謨的《歸有園麈談》：「婦人識字，多致誨淫；俗子通文，終流健訟。」（婦女識字，大多會誘使別人淫亂；淺薄之人通曉文章，會變得喜歡與人爭論是非。）誨淫，引誘別人做淫亂之事。

2 張竹坡：本名張道深，其人介紹請見本書〈編者導讀〉文章。

3 李若金：本名李淦（一六二六年至？年），字若金，一字季子，號水樵、茘園等，清初江蘇興化人。為南明舉人，極為博學，性喜山林。著有《礪園集》、《燕翼篇》等書。

白話翻譯

從前有人說：「婦女識字，大多會引誘別人做淫亂的事情。」我認為這並不是識字的錯。大概是因為，婦女若識字，就不會是默默無聞的人，如果做淫亂之事，更容易被人知道罷了。

◆**張竹坡②評點**：此名士持身，不可不加謹也。

這就是為什麼有名聲的人得更懂得修身，行事不能不謹慎。

◆**李若金③評點**：貞者識字愈貞，淫者不識字亦淫。

識字會使貞潔之人更加貞潔，淫亂之人就算不識字也同樣淫亂。

賞析

古代是父權社會，女性地位極低，女子大多沒有經濟自主權，需要依附男人才能過活，從古代女子纏足就可看出男性對女性地位的貶低。在古代，接受教育的權利只有男人才享有，僅極少數女子有讀書識字的機會，也因此由男人所作的古籍寫著，女子若識字，將誘使人做出淫亂之行，這正是貶低女性的又一例，是父權體系下對女性的不公平見解。

張潮身爲當其時的古代男性，能夠挺身而出爲女人辯護實屬難得，而他的說法也頗有道理——當時識字的女子不多，偶爾有一兩位識字的，必會爲人所關注，是以人人都知其名，如果這些女子之中有人做出了淫亂之事，自然會人盡皆知，也就容易形成大家對婦女識字將導致淫亂的刻板印象。

本則小品的評點家李若金也認爲，事實上，讀書識字與淫亂並沒有因果關係，淫亂與否與個人的人品與道德觀念有關。讀書識字能增廣見聞，增進個人氣質內涵，是以他認爲，知書達禮之人將懂得約束自己，懂得收斂，不會導致行爲放蕩。

況且，中國古代允許男人有三妻四妾，卻要求女人必須貞潔地從一而終，這是男人對人性的原始慾望知之甚詳，還是源自對己身條件的不自信？

善讀書者

善讀書者，無之而非[1]書：山水亦書也，棋酒亦書也，花月亦書也；善遊山水者，無之而非山水：書史亦山水也，詩酒亦山水也，花月亦山水也。

1 無之而非：沒有什麼不是。

2 江含徵：本名江之蘭，其人介紹請見本書〈編者導讀〉文章。

3 五更：古代自晚間至翌日清晨的計時方式，共分為五個時段，從晚上七點開始計算，每一時段為兩個小時，直至清晨五時。五更，是第五個時段，即清晨，天快亮之時。此則評點說到，五更臥被時，有無數山水書籍在眼前胸中，筆者猜測，可能是清晨半夢半醒之際，心靈較易浮現曾遊覽的山水勝景與讀過的典籍文章。

4 陸雲士：本名陸次雲，字雲士，浙江錢塘（今浙江杭州）人，拔貢生，擔任江蘇江陰知縣等官職。著有《澄江集》、《北墅緒言》。

5 慧業文人：應指對經典有深入研究、學問廣博的文人。慧業，佛教用語，本指智慧的業緣，後多用來指涉對經典義理的鑽研。

白話翻譯

懂得讀書的人，什麼都可以當作書來讀：山水景色也是

◆**江含徵**[2]**評點**：五更[3]臥被時，有無數山水書籍在眼前胸中。

五更天在被窩裡睡覺的時候，有無數的山水在眼前，有無數的書籍在胸中。

◆**陸雲士**[4]**評點**：妙舌如環，真慧業文人[5]之語。

妙言連連環環相扣，是與文字緣分深厚、有文才之人才說得出的話。

書，下棋飲酒也是書，觀花賞月也是書；懂得遊覽山水的人，什麼都可以當成山水來遊覽：書籍也是山水，吟詩喝酒也是山水，賞花弄月也是山水。

賞析

眞正懂得讀書的人，不會只拘泥於從書本吸收知識、吸取前人經驗，而是做任何事都能從中體悟爲人處世的道理——遊山玩水也能領悟人生的眞諦，像是見到遼闊的山川景致，進而感悟天地偌大，個人渺小，律己待人與處世何不寬厚些；下棋是鬥智的一種消遣活動，也與讀書一樣可以得到智慧的啓發；飲酒、觀花賞月與讀詩書一樣皆是風雅的活動。

同樣的，眞正懂得遊覽山水的人，所見之物沒有一處不是山水。讀書也如遊覽山水，可以領悟山水的精神，透過描寫山川風貌的優美詞句，宛如徜徉大自然，令人心曠神怡。又如作詩飲酒、賞花弄月，皆是能帶給人美感體驗的活動。也因此，從審美角度來說，對張潮來說，無論遊覽山水，或讀書、飲酒、觀花賞月，內裡的精神都是相同的，是以**「好鳥枝頭亦朋友，落花水面皆文章」**（元代翁森〈四時讀書樂〉）。

園亭之妙在邱壑布置

園亭之妙在邱壑①布置，不在雕繪瑣屑②。往往見人家園亭，屋脊牆頭，雕磚鏤瓦，非不窮極工巧，然未久即壞，壞後極難修葺，是何如樸素之為佳乎？

1邱壑：山丘與河谷；邱，通「丘」；壑，讀作「或」。此指園林山、水的布局。
2雕繪瑣屑：此指園林裡充滿雕梁畫棟、人工斧鑿之痕；在細微處過於精雕細琢，會破壞園亭自然的美感，是以帶有貶義。
3江含徵：本名江之蘭，其人介紹請見本書〈編者導讀〉文章。
4琴虞：指江蘇省南部的常熟，別名琴川、虞城。
5弟木山：張潮的弟弟張漸，字木山，曾參與《昭代叢書》的編纂工作。

白話翻譯

園林亭閣的巧妙在於山石與溝渠之間的布局安排，不在於細微之處的

◆**江含徵③評點**：世間最令人神愴者，莫如名園雅墅，一經頹廢，風臺月榭，埋沒荊棘。故昔之賢達，有不欲置別業者。予嘗過琴虞④，留題名園句有云：「而今綺砌雕欄在，賸與園丁作業錢。」蓋傷之也。

世間最讓人悲傷的事，莫過於有名的園林、雅致的別墅一旦荒廢，曾經的亭臺樓閣都埋沒在荊棘草叢之中，這便是為何從前的賢達之人有人不願購置別墅。我曾行經琴川虞城的名園，裡頭有句題字是「而今綺砌雕欄在，賸與園丁作業錢」（曾經精美的雕梁畫棟，如今不過徒增修繕亭園工人的工錢罷了），真令人傷感。

◆**弟木山⑤評點**：予嘗悟作園亭與作光棍二法：園亭之善在多迴廊，光棍之惡在能結訟。

我領悟出了造園亭與作流氓的兩個法子——園亭美妙之處在於迴廊多，地痞流氓的可恨之處在於擅長興訟。

精雕細琢。常常見到別人家的園亭，屋脊牆頭的磚瓦雕刻得極爲精細；並非做工不夠精巧，然而不用多久就損壞了，損壞後很難修復，這哪裡比得上素質素雅的好呢？

賞析

這則小品文說的是園林亭閣修建的審美看法，張潮將精雕細琢的人爲刻意經營與素樸自然的審美觀，做一明顯對比。有錢人家的園林喜歡在細微之處做文章，像是把磚瓦、窗欄等做得美輪美奐，那些極盡繁複的雕飾看起來雖然華美，卻華而不實——因不夠持久耐用，歷經日曬雨淋就會損壞；又因做工十分精細，修復非常困難，需花費大量金錢，主人如果花不起這個錢，就只能任由園林荒廢。然而，素樸自然的園林布置，講究的是假山、石頭、池子的布局巧思，不在細微之處做文章，而在大處著眼，雖然看起來缺少華美的裝飾，卻多了份自然的天眞之美，且不需花大錢修繕，相較之下，素樸的園林構局更能持久耐用，張潮以爲更加可取。評點家江含徵也認爲，那些精美的亭臺樓閣、雕梁畫棟，無一不是請工匠特別打造的，要維護得花費許多開銷，與其講究人爲的樓閣裝飾，還不如講求自然美景更好些。

此種抱持自然爲好的觀點，顯然是受了道家思想的影響——老莊道家反對人爲造作，主張回歸素樸自然。將這種想法運用在園林的布局上，即是不需要在細微處精雕細琢，減少人爲匠心的刻意經營，而重於回歸自然之美的園林營構。

清宵獨坐

清宵獨坐，邀月[1]言愁；良夜孤眠，呼蛩[2]語恨。

1 邀月：典出李白〈月下獨酌〉中的詩句「舉杯邀明月，對影成三人」（拿起酒杯邀請明月一起飲酒，明月映照出了我的影子，彷彿有三個人一起喝飲似的）。
2 蛩：讀作「窮」，蟋蟀。
3 袁士旦：本名袁啟旭，字士旦，號中江，安徽宣城人。擅長作詩與書法，著有《中江紀年詩集》。
4 黃孔植：生平不詳。
5 逆旅：旅館、客舍。

白話翻譯

在清靜的夜晚獨自坐著，邀請月亮相陪以訴愁緒；美好的夜晚獨自入眠，呼喚總鳴叫個不停的蟋蟀相陪說恨。

◆**袁士旦**[3]**評點**：令我百端交集。

讓我百感交集。

◆**黃孔植**[4]**評點**：此逆旅[5]無聊之況，心齋亦知之乎？

這是投宿旅店時的無聊境況，心齋也知曉嗎？

賞析

在夜晚獨自坐著，表示張潮是孤身一人，且夜不能寐，源自於心中懷著憂思，四下無人，只能對清冷的月亮訴說心中的哀愁。這樣美好的夜晚，一個人睡覺，無人陪伴，想要訴說心事卻無人可訴，聽到秋夜裡外頭蟋蟀熱烈的叫聲，只能對著蟋蟀說憾恨了。

這種情形可以是描寫人在異鄉時，沒有親朋好友在側，且因離鄉背井，心中有訴不盡的離愁別恨，只好寄託月亮與蟋蟀了。人是不會無緣無故離家的，可能是爲了躲避戰亂，也或者是爲了謀生而漂泊；無論爲何，離開熟悉的環境，獨自去到一個陌生的環境，想要說話卻找不到可以傾訴的人，這種心情確實令人悲愁傷感。

官聲採於輿論

官聲①採於輿論，豪右②之口與寒乞③之口，俱不得其真。花案④定於成心⑤，豔媚之評與寢陋⑥之評，概恐失其實。

1官聲：為官的聲譽。
2豪右：有名望的世家大族。右，中國自古以來以右為尊，為上。
3寒乞：在寒冷的季節外出乞討食物，在此比喻貧窮之人。
4花案：古代評定妓女優劣的名單。清代余懷《板橋雜記・麗品》說：「品藻花案，設立層臺，以坐狀元。」清代李漁《慎鸞交・訂游》說：「敝鄉的風俗，每年定一次花案，將那些著名的妓女，評定優劣。」
5成心：對人事物有先入為主的看法或見解。
6寢陋：長相醜陋。
7李若金：本名李淦（一六二六年至？年），字若金，一字季子，號水樵、荔園等，清初江蘇興化人。為南明舉人，極為博學，性喜山林。著有《礪園集》、《燕翼篇》等書。
8分上：人情、情面。
9推恩：廣施恩惠。
10倪永清：生卒年不詳，法名超定，清代松江（在今上海市境內）人。

◆**李若金⑦評點**：豪右而不講分上⑧，寒乞而不望推恩⑨者，亦未嘗無公論。

豪門之中不講求人情世故以拉關係者，出身貧寒卻並不想望有人施恩者，這樣的人，口中未必沒有公正的言論。

◆**倪永清⑩評點**：此我謂眾人唾罵者，其人必有可觀。

我認為被大家唾棄責罵之人，必定有他值得欣賞之處。

白話翻譯

爲官的聲譽取決於公眾的輿論，從世家大族和貧寒之人口中是得不到客觀評論的。妓女的優劣名次全出自評定者的主觀判斷，是美豔嬌媚是形貌醜陋，評價恐怕也有失眞實。

賞析

只要是人都有成心，成心即是判斷是非、善惡、美醜等這些相對價值的標準。《莊子．齊物論》說：「**未成乎心而有是非，是今日適越而昔至也。**」這句話的意思是說，「沒有成心而有是非的價值判斷，就像『今天去越國、昨天已經到了』一樣的不可能。」張潮以爲官的聲譽與花案的製作者這兩件事，來說明人對於任何事的評價都是從自己的立場出發，皆是有所偏頗，有失公允的。

百姓對於爲官者的評價，本就是從自己的角度出發；無論是鄉紳富豪或清貧之人，都有自己對事情的看法。爲官者的施政若只顧及富豪世家的利益，勢必會損害老百姓的利益；這麼做，必然會受到豪族的推崇，而遭受貧寒百姓的詆毀；反之，亦然。所以，要評斷一個爲官者的好壞，不能單憑一方的一面之詞，必須客觀地從各方言論及自己所見所感去判斷。

至於對妓女優劣名次的排名，則跟審美標準有關。審美原本就是主觀的，如果沒有訂立出一個客觀的審美標準，那麼是美是醜都只能來自評定者的自由心證，所以張潮認爲，無論評定爲容貌豔麗或是醜陋，都未必公平可信。

胸藏邱壑

胸藏邱壑，城市不異山林；興寄煙霞，閻浮有如蓬島①。

1閻浮有如蓬島：人間也和仙境一樣。閻浮，佛教語，是閻浮洲的簡稱，為梵語「jambu」的音譯；閻浮洲，指人間。蓬島，即蓬萊島，是傳說中的海上仙山，泛指仙境。

2袁翔甫：生平不詳。

白話翻譯

胸中含藏著山丘壑谷，即使居住在城市也與隱居在山林沒有差別；將意興寄託在雲煙霧氣之中，人間也宛如仙境一般。

賞析

本則小品文意在說明，心境，會影響人的處境。內心豁達之人，即便居住在城市裡也能保持開闊的心胸，和隱居在山林中的高人隱士無甚差別。反

◆**袁翔甫②評點**：曠達二字，由於天性。先生之風，山高水長。

「曠達」這兩個字，是出自於人的天賦秉性。先生的風範，如同高山流水一般，悠遠綿長。

之，若凡事斤斤計較，心思拘泥在一些小事上而放不下，即便隱居山林，也如同住在城市般受世俗牽絆，因而心境狹隘，無法眞正徜徉於天地大然之中。如果我們的心能不要過度地受到世俗觀點的限制，只想著追名逐利，全以世俗眼光爲依歸，那麼即便生活在人間，也如同生活在仙境般自由自在。

是以，人能否超脫凡俗，並非取決於身處何地，而是取決於心境能否不去執定世俗所賦予我們的價值標準。這就是東晉陶淵明在〈飲酒‧其五〉所說的：「**結廬在人境，而無車馬喧。問君何能爾？心遠地自偏。**」意思是說：「我在人所聚集的地方建造房子，可是卻沒聽見車馬行走經過的喧囂吵鬧聲。您問是如何辦到的？心遠離鬧市，自然如同身處偏僻的山林一般。」這正是張潮想要表達的道理。

梧桐為植物中清品

梧桐為植物中清品1，而形家2獨忌之，甚且謂「梧桐大如斗，主人往外走」，若竟視為不祥之物也者。夫剪桐封弟3，其為宮中之桐可知。而卜世4最久者，莫過於周。俗言之不足據，類如此夫！

1清品：上等品種。
2形家：看地形風水的人。
3剪桐封弟：周成王以剪削梧桐樹葉做遊戲，剪成了圓形狀，說要分封給弟弟叔虞，本為戲言，但攝政的周公後來知曉了此事，認為天子無戲言，既然說出就要做到，成王只好履行承諾，把唐（今山西一帶）封給了弟弟。事見《呂氏春秋・重言》。
4卜世：以占卜測算國家能夠傳承多少世代。
5江含徵：本名江之蘭，其人介紹請見本書〈編者導讀〉文章。
6艱：困苦、困難，此處應解作「缺少」。白鏹：銀子；鏹，讀作「搶」，古時用來串銅錢的繩索，泛指錢幣。艱於白鏹：指貧窮困苦。
7忌：嫉妒。靳：讀作「進」，此指擺布、作弄。
8休咎：分指吉凶、福禍。
9打秋風：有的無賴會生出一些事端或藉口，向有錢人抽取微薄小利

◆**江含徵5評點**：愛碧梧者，遂艱於白鏹6。造物蓋忌之，故靳7之也。有何吉凶、休咎8之可關！祇是打秋風9時，光棍樣可厭耳！

喜歡上梧桐樹以後生活變得貧困的人，大概是因為造物者妒忌，所以才被造化作弄。然而這哪裡與吉凶禍福有關係，不過是秋天時節梧桐樹葉在風中瑟瑟發抖的無賴樣令人厭惡罷了！

◆**倪永清10評點**：心齋為梧桐雪千古之奇冤，百卉俱當九頓11。

心齋一洗梧桐千古以來的莫名冤屈，百花應當向他行九叩首大禮。

或索要財物。此處引申為秋風吹過梧桐，樹葉零落，那光禿禿的模樣讓人覺得討厭。

10 倪永清：生卒年不詳，法名超定，清代松江（在今上海市境內）人。

11 九頓：磕頭跪拜九次，是深表感謝之意。

白話翻譯

梧桐是植物中的上等品種，可是風水師卻對它十分忌諱，甚至說「梧桐大如斗，主人往外走」，竟好似視梧桐爲不祥之物。周成王曾剪梧桐葉做遊戲將土地分封給弟弟，由此可知，其時，梧桐是種在皇宮中的植物；而且，以占卜預測國祚傳承最久的朝代，沒有哪個朝代能超過周朝。是以，俗話傳言不能做爲行事準則，大抵是像這樣的情況。

賞析

梧桐樹是樹中之王，能引鳳凰前來棲息，《大雅・生民之什・卷阿》有「**鳳凰鳴矣，於彼高崗。梧桐生矣，於彼朝陽**」這樣的詩句，意思是說「鳳凰在高崗上鳴叫。而梧桐生長在高崗上，面向著東方的朝陽」，鳳凰是象徵祥瑞的鳥，亦是鳥中之王，梧桐能引鳳凰前來棲息，由此可知，梧桐是寓意吉祥的樹。

至於「**梧桐大如斗，主人往外走**」這句流傳於南方的俗諺，意思是說，梧桐樹幹若長得如斗口那樣粗，那麼這一家就會遭受禍患，使得主人不得不離開避難。這是坊間的謠傳，並無眞憑實據，且這是流傳在南方的說法，應與風土民情較有關，也許南方人認爲梧桐樹是凶兆，就像烏鴉在中國被認爲是不祥的，但在日本卻被視爲祥瑞那樣。

本則小品的評點家江含徵也提到，爲何喜愛梧桐的人會貧窮呢？應是因爲上天忌妒梧桐品格清高，才會讓庭院種植梧桐的人家受命運作弄而貧窮，而讓一般人誤以爲種植梧桐會帶來貧窮。

張潮的看法是，坊間傳聞不足採信，他所持的理由是——「**剪桐封弟**」這則故事發生在周朝的王宮裡，可見周朝的王宮不僅種有梧桐樹，且周朝八百餘年的國祚可是歷來最長久的。如果傳聞是眞的，那麼周朝的國祚應該會很短才是，由此可知，傳言並不足採信，無法用來做爲人們行事的準則。

多情者不以生死易心

多情者不以生死易心，好飲者不以寒暑改量，喜讀書者不以忙閒作輟1。

1作輟：中止、停止。
2朱其恭：本名朱慎，字其恭，號菊山，住在揚州，擅長作詩，性情豪放不拘小節。
3王司直：本名王臬（臬讀作「孽」），字司直，清代秀水（今浙江嘉興）人，擅長詩畫，曾與手足王概、王蓍（蓍讀作「詩」）合編《芥子園畫譜》。
4飲酒、讀《離騷》：東晉的重臣王恭來自當時的名門世家，是皇帝的外戚，可他一心為國，清廉自持，死後身無長物，唯滿屋子書而已，他曾說：「名士不必須奇才，但使常得無事，痛飲酒，熟讀《離騷》，便可稱名士。」（名士不須具備獨特的才華，只要能在閒暇時痛飲一番，熟讀《離騷》，就可稱為名士。）事見《世說新語．任誕》。

白話翻譯

情感豐富的人不會在生死關頭改變心意，愛好飲酒的人不會因天冷或天熱而酒量改易，喜歡讀書的人不會因忙碌或悠閒而作罷。

◆**朱其恭** 2 **評點**：此三言者，皆是心齋自為寫照。

這三句話，都是心齋自己的寫照。

◆**王司直** 3 **評點**：我願飲酒、讀《離騷》 4 ，至死方輟，何如？

一邊飲酒，一邊讀《離騷》到死，這個心願怎麼樣？

賞析

張潮在本則小品說的三句話可以這樣理解——多情者不會因爲生命受到脅迫，就放棄對愛情的堅貞心志，那份心意至死不渝。

眞正喜愛飲酒的人，不會因爲天氣炎熱或者寒冷而酒量改變，這樣的人是眞正喜歡喝酒的人。對嗜酒如命的人來說，無論寒暑他們的酒量都是一樣的，不過這大概也是上癮了的緣故。

眞正喜愛讀書的人，不會因爲工作忙碌或空暇多而停止閱讀，如果因爲太過忙碌就找藉口不讀書，或者因爲空閒時間太多想要休息、遊玩也不願讀書，那麼就不能算得上是眞正喜歡讀書的人。因爲嗜書如命的人，會妥善安排時間，無論再忙碌都會抽出時間來閱讀，即便是遊山玩水也會帶上一本書作伴。

以上三例說明了，一個人如果眞正喜愛某人事物，那麼他絕不會因外在環境的改變，就放棄自己的喜愛心情，這樣才是眞愛。人往往很容易給自己找藉口，尤其是對於讀書這件事——大家都知道讀書很重要，但總會給自己找藉口，說工作繁忙或者有很多雜事要處理，而沒有空閒讀書，但其實並非抽不出時間，而是沒有把讀書當成數一數二重要的事放在心上，往往一再擱置，最後就不了了之了。

蛛為蝶之敵國

蛛為蝶之敵國，驢為馬之附庸。

1周星遠：生平不詳。

2頤：臉頰。解頤：笑逐顏開。妙論解頤，形容說話風趣，令人發笑。

3危語、隱語：危語，聽了讓人感到害怕的話。隱語，一種謎語；兩者皆是文字遊戲。《世說新語．排調》寫道，有天，東晉三位政治人物桓玄、殷浩、顧愷之等人聚在一起，說起了危語。桓玄說「矛頭淅米劍頭炊」（以長矛頭洗米，以利劍頭煮飯）；殷浩說「百歲老翁攀枯枝」，看來隨時有掉落的危險；顧愷之說「井上轆轤臥嬰兒」（嬰兒躺臥在取汲井水的橫木上）；殷浩身旁有位參軍說「盲人騎瞎馬，夜半臨深池」。

4黃交三：本名黃泰來，字交三，一字竹舫，號石閭。江蘇泰州（今江蘇東臺）人，曾跟隨孔尚任到北京做過幕僚。

白話翻譯

蜘蛛是蝴蝶的敵對國家，驢子是馬的附屬國。

◆**周星遠**1 **評點**：妙論解頤2，不數晉人危語、隱語3。

奇妙的言論令人莞爾一笑，不亞於晉人那些毛骨悚然之言和謎語。

◆**黃交三**4 **評點**：自開闢以來，未聞有此奇論。

打開天闢地以來，從沒聽過這番奇妙的說法。

賞析

本則小品文是張潮發揮想像力之作，他把自然界的物種想像成一個國家，每個物種都自成一國。蜘蛛結網捕食昆蟲爲生，蝴蝶翩翩飛舞採花蜜，若不小心誤入蛛網，就成爲蜘蛛的盤中飧，因此在自然界中，蜘蛛是蝴蝶的天敵。張潮透過他豐富的想像力，認爲蜘蛛與蝴蝶各有地盤，牠們如果有思想、有智慧，雙方很可能會形成對立——蜘蛛善於結網製作陷阱，等待蝴蝶落入圈套，宛如卑鄙狡詐的敵人；蝴蝶也瞧不起蜘蛛，自成一國，兩國互不往來。

驢子是馬的近親，兩者可以互相交配，然而馬的性情聰慧，驢子卻愚鈍蠢笨，所以驢子只能做爲馬的附庸。若是驢和馬各自成爲一個國家，那麼驢子必定依附在馬之下，被馬統治。

本文是張潮發揮個人奇思妙想的傑作，利用自然界物種之間的生剋關係，想像成牠們若各有地盤，那麼若非水火不容的敵對關係，便會是宗主國與附屬國的主從關係。

立品須發乎宋人之道學

立品須發乎宋人之道學1，涉世須參以晉代之風流2。

1宋人之道學：即宋代理學。在孔孟儒學的基礎上，吸收佛、道二家的思想，形成宋代特有的理學。以程顥、程頤、朱熹為代表的理學，以陸象山、王陽明為代表的心學，統稱為宋代理學。

2晉代之風流：即名士風流，指那些有才學而不拘禮法的名士風度和習氣。

3方寶臣：即方淇蓋，字寶臣，清代安徽歙縣（歙在此讀作「社」）人，是方望子的弟弟。著有《岫園詩稿》（岫讀作「袖」）。

4陸雲士：本名陸次雲，字雲士，浙江錢塘（今浙江杭州）人，拔貢生，擔任江蘇江陰知縣等官職。著有《澄江集》、《北墅緒言》。

白話翻譯

培育人品道德，必須取法宋代的理學道統；立身處世，必須參考借鑑晉代人物的飄逸曠達。

◆**方寶臣**3 **評點**：真道學未有不風流者。

真正的道學家，沒有不飄逸曠達的。

◆**陸雲士**4 **評點**：有不風流之道學，有風流之道學；有不道學風流，有道學之風流，毫釐千里。

有不飄逸曠達的道學家，有飄逸曠達的道學家；有不嚴謹修身的名士，有嚴謹修身的名士，雖然差別細微，卻大相逕庭。

賞析

宋代儒學又稱爲宋代理學，是於先秦時代孔子、孟子、《大學》、《中庸》的思想基礎上，吸收佛、道二家思想，所形成的獨有學術道統。宋代理學的特徵是，並非只著眼於經典的注疏，更重視道德的實踐及聖賢著作思想義理的闡發——是以，宋代理學家試圖從儒家典籍中尋找背後蘊含的思想義理，進一步與人的生命相契合，實踐在日常生活中，而非只是當作教條理論來研究。

在人格品德的培育上，必須以宋代理學爲規範，做爲修身養性的重要指標。倘若爲人處世也像理學家這樣刻板，可就缺少了靈活應變的能力，而且也會給人嚴肅、不易親近的感覺。所以，在待人處世、與人應對進退方面，則應向飄逸曠達、不爲世俗框架所縛的晉代人物看齊。如此一來，在品格上是個正人君子，爲人處世時則靈活變通，心境自在而不執著，這便是張潮理想的人格典範。

古謂禽獸亦知人倫

古謂禽獸亦知人倫[1]，予謂匪獨禽獸也，即草木亦復有之。牡丹為王，芍藥為相[2]，其君臣也；南山之喬，北山之梓[3]，其父子也；荊之聞分而枯，聞不分而活[4]，其兄弟也；蓮之並蒂[5]，其夫婦也；蘭之同心[6]，其朋友也。

1人倫：古代封建社會所制定的尊卑長幼關係，即父子、君臣、夫婦、兄弟、朋友。

2牡丹為王，芍藥為相：牡丹為花中之王，芍藥為花中之相。從前無牡丹之名，一律稱芍藥：唐代以後才開始稱木芍藥為牡丹。牡丹雍容華貴，素來象徵著吉祥富貴。

3南山之喬，北山之梓：南山上的喬木，北山上的梓樹，後用以比喻父子。典出漢代《尚書大傳・卷四・梓材》：「商子曰：『南山之陽有木焉，名喬。』二、三子往觀之，見喬實高高然而上，反以告商子。商子曰：『喬者，父道也。』南山之陰有木焉，名梓。二、三子復往觀焉，見梓實晉晉然而俯。反以告商子，商子曰：『梓者，子道也。』」（南山向陽的地方長有喬木，商子以為父道；南山背陰處長有梓樹，商子以為子道。）

4荊之聞分而枯，聞不分而活：古代有田氏兄弟三人，他們原本住在一起，後來要分家，庭前一棵大紫荊樹遂枯死，兄弟三人感到難過，於是決定不分家，紫荊樹死而復生。事見《今古奇觀・第一卷三孝廉讓產立高名》。

5蓮之並蒂：一個花蒂上開了兩朵蓮花，比喻夫妻情感深厚。

6蘭之同心：比喻朋友之間志同道合，同心同德。典出《易經・繫辭上》：「二人同心，其利斷金；同心之言，其臭如蘭。」（兩人如果同心協力，將如鋒利的寶劍一般能切斷堅硬的金屬。兩人如果同心一意、氣味相投，說出來的話語將如蘭花那樣芬芳。）

◆**江含徵**[7]**評點**：綱常[8]倫理，今日幾於掃地，合嚮[9]花木鳥獸中求之。又曰：心齋不喜迂腐，此卻有腐氣。

三綱五常的倫理道德，到了如今幾乎淪喪，只能從花木鳥獸之中去尋求了。又，心齋不喜歡迂腐的言論，這一則卻有迂腐的氣息。

7江含徵：本名江之蘭，其人介紹請見本書〈編者導讀〉文章。
8綱常：指三綱五常。三綱，君臣、父子、夫婦。五常，仁、義、禮、智、信。
9合：應該、應當。嚮：通「向」。

白話翻譯

古人說禽獸也懂得倫常，我說，不只是禽獸而已，草木也有倫常觀念。牡丹是花中之王，芍藥是花中的宰相，兩者是君臣關係；南山上的喬木，北山上的梓樹，兩者是父子關係；紫荊樹聽聞兄弟要分家而枯死，後來兄弟不分家了它便復活，它懂得兄弟情深之道；蓮花並蒂，是夫妻關係；蘭花芳香而團結同心，是朋友關係。

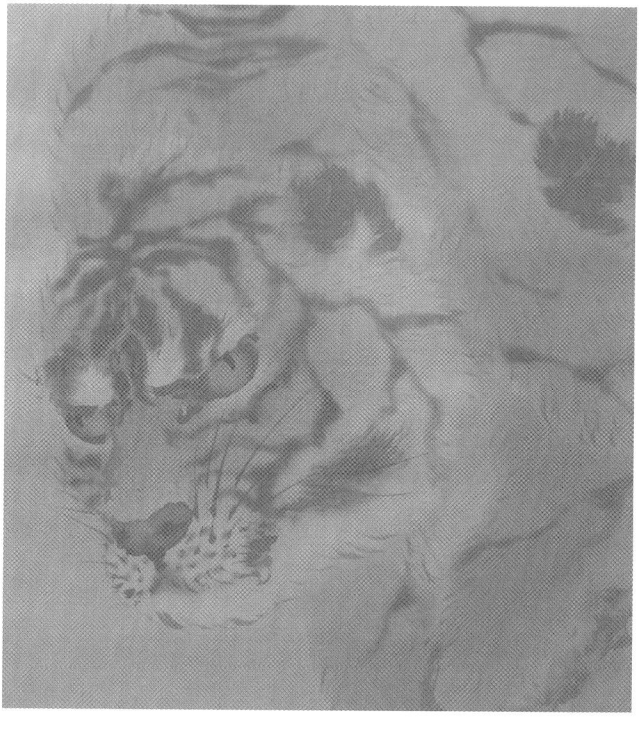

賞析

《孟子・離婁下》說道：「人之所以異於禽於獸者幾希。」人和禽獸的差別是很微小的，禽獸有生理慾求，得吃飯、排泄、睡覺，人也一樣，而人與禽獸的差別就在於人有仁心。人懂得尊敬長輩，友愛兄弟，夫妻之間相敬如賓，見到人遇到危險會奮不顧身地去救他，這就是惻隱之心，而這些，在禽獸身上是沒有的。

但張潮這裡指出，禽獸是有倫常觀念的，就連草木也有。然而就孟子的思想來看，禽獸是沒有倫常觀念的，而這便是人與禽獸的差別，至於無知無覺的草木更不可能有倫常觀念。因此張潮在此列舉出的有倫常關係的植物，如若不是想藉由草木來宣揚人倫思想，就是他又一次的奇思妙想之舉。

牡丹為王，芍藥為宰相，這是將君臣關係加諸於花卉之上，可我們當然知道，芍藥不會因為它屈居於牡丹之下，就綻放得失色。至於喬、梓寓有的父慈子孝父子關係，蓮花的夫妻恩愛關係，蘭花的朋友精誠關係，無不在警醒世人須嚴守自己的身分與本分。至於紫荊樹因兄弟分家而枯死的故事，或者確有其事，但其中兄弟情深的寓意自然也是由世人所賦予的。

豪傑易於聖賢

豪傑易於聖賢，文人多於才子。

白話翻譯

當豪傑比當聖賢容易，這世上，文人的數量多過才子。

賞析

才智出眾的人就能稱爲豪傑，是以，古往今來，豪傑不在少數，舉個例子來說，漢代的張良就是這樣的人。張良的長相像女人，且體弱多病，但他才智過人，漢高祖劉邦因得到他的輔佐，才能屢次化險爲夷，登上皇帝的寶座。

至於躋身聖賢，標準可是比豪傑高出許多。聖賢是聖人與賢人的統稱，指的是才智出眾又有崇高品德的人。聖賢，是儒家思想對於人的生命形態所訂定出的最高標準，必須將道德實踐於生命之中，且對社會有諸多貢獻的

◆**張竹坡評點**：豪傑不能為聖賢，聖賢未有不豪傑。文人才子亦然。

豪傑不能做為聖賢，聖賢卻沒有不是豪傑的。文人和才子之間的區分，也是如此。

人，才有資格稱爲聖賢。例如：三皇（伏羲、女媧、神農），五帝（黃帝、顓頊（讀作「專旭」）、帝嚳（嚳讀作「庫」）、堯、舜），還有孔子、孟子，都是符合儒家道德標準的聖人，他們的共通點是，擁有過人的才智，犧牲個人利益，一心只爲國家百姓謀求福祉，這樣的人才有資格稱爲聖人。

張良、蕭何、韓信等人雖也具有過人才智，雖打著爲百姓謀求福祉的旗號，骨子裡仍是爲了自己利益而做任何考量，因此他們是豪傑。

只要是讀過書、能以文字進行表達就能稱爲文人，可要被稱爲才子，則是在此基礎之上，還得具有文學方面的眞正創作才華。但才華也分高低，畢竟古往今來也只有一個李白、一個杜甫、一個蘇東坡，是以，當文人容易，當才子卻難。

世人對於豪傑、聖賢、文人、才子的看待標準不同，所以才有了這樣的區分——世間自有許多人中龍鳳，他們是豪傑、文人，甚至可能是才子，然而才華與德行兼有之的聖賢，則是眞眞正正的鳳毛麟角。

牛與馬

牛與馬，一仕而一隱也；鹿與豕[1]，一仙而一凡也。

1 豕：讀作「始」，豬。

2 杜茶村：本名杜濬（一六一一年至一六八七年，濬讀作「俊」），字於皇，號茶村，清初湖廣黃岡（今屬湖北）人。明末諸生，滿清入關後沒有做官，長年居住於江寧（於今江蘇南京境內），逝於揚州。詩文皆擅，詩名更盛（學習杜甫詩風），著作盡皆散佚，僅存《變雅堂遺集》。

3 田單：戰國時代齊國名臣。西元前二八四年，燕國將領樂毅攻破齊國，湣王出逃，齊國國土僅剩莒城、即墨。即墨的守將為田單，他用反間計挑撥燕國君臣之間的信任，讓燕國國君不再信任樂毅，後趁燕人沒有防備時，使用火牛陣，終將失土收復，重建齊國。

火牛：田單把葦草浸泡在油裡，綑成一束綁在牛尾上，再點火燃燒，牛感到疼痛就直往前衝，直接衝破敵陣，破解燕國軍隊的戰術。事見《史記・卷八二・田單傳》。

4 武王歸馬於華山之陽：意思是武王解甲歸田，讓戰馬回到田野間去放牧，休戰之意。典出《尚書・武成》：「乃偃武修文，歸馬於華山之陽，放牛於桃林之野，示天下弗服。」（偃息武備，提倡文教，把馬放牧在華山之陽，在桃林郊外放牛，表示天下不無稱服。）

5 勒令致仕：強迫辭去官職。

6 張竹坡：本名張道深，其人介紹請見本書〈編者導讀〉文章。

◆**杜茶村[2]評點**：田單之火牛[3]，亦曾效力疆場；至馬之隱者，則絕無之矣。若武王歸馬於華山之陽[4]，所謂「勒令致仕[5]」者也。

田單的火牛也曾在戰場上效力，至於馬中的隱士則絕對沒有過這樣的經歷。如果是像周武王那樣將馬放逐於華山之南，就是所謂的「勒令辭官」了。

◆**張竹坡[6]評點**：「莫與兒孫作馬牛[7]」，蓋為後人審出處[8]語也。

「莫與兒孫作馬牛」，此話大概替後人說明了出仕與退隱之道。

7莫與兒孫作馬牛：即兒孫自有兒孫福的意思，不用為兒孫做牛做馬，比喻父母無須為兒女太過操煩。出自元代無名氏《漁樵記・第二折》：「月過十五光明少，人到中年萬事休。兒孫自有兒孫福，莫與兒孫作馬牛。」（月亮過了十五，逐漸從月圓變作月缺，光亮也隨之減損，人的年紀到了中年也難有很大的作為了。兒孫有兒孫自己的福運，別總是為他們操心太多。）

8出處：出仕和退隱。語出《周易・繫辭上》：「君子之道，或出或處，或默或語。」（君子之道，或是出仕或是引退，或是緘默或是有所言論。）

白話翻譯

牛和馬，一個是朝臣一個是隱士；鹿和豬，一個是仙人一個是凡夫。

賞析

張潮在此則小品中，以動物比喻不同身分的人，所具備的性格也不同。牛是人類用來農耕的動物，牠們默默耕耘付出，任勞任怨，完全服從主人的指令，所以喻之爲朝廷的官員，象徵他們爲君王盡力竭力，服從君王的命令；而馬雖供人騎乘，卻十分有個性，如果遇到牠不認同的主人，就會烈性大發，不服從管束，這象徵了隱士雖然渴望入朝爲官，一展長才，然而若遇到他們不認同的君主，寧可一輩子隱居山林，也不願入朝爲官。

鹿在小說戲曲中時常出現在仙境，帶有神話色彩，且有吉祥寓意，多爲神仙的坐騎，所以用來象徵那仙風道骨的仙人。豬則是人類所豢養的家畜，由於豬肉是人類主要的肉食來源，所以非常普遍，如凡夫俗子般充斥於整個社會，相較之下，帶有仙氣的鹿藏跡山林，難得一見。

以動物來比喻人，這是因爲牠們與人類確實有某種相似的性格特徵，張潮的此番比喻顯得十分生動有趣。

古今至文

古今至文，皆血淚所成。

1吳晴岩：本名吳肅公（一六二六年至一六九九年），字雨若，號晴岩，一號逸鴻，別號街南，清初安徽宣城人。明末諸生，滿清入主中原後，不入朝為官，改以賣字與行醫為生，晚年多病。著有《明語林》、《雲間雜記》、《街南文集》等書。

2《清淚痕》：愛妻過世（約當康熙二十八年，一六八八年），張潮悲痛逾恆，作了五十餘首悼念之詩，編為《清淚痕》。

3江含徵：本名江之蘭，其人介紹請見本書〈編者導讀〉文章。

白話翻譯

從古到今，最上乘的文章，都是以血淚寫成的。

賞析

詩詞文章是每位作者精心創作出來的作品，尋常文章尚且如此，而足可名垂千古的不朽文學佳構，更是作者嘔心瀝血而得的成果。

◆**吳晴岩** 1 **評點**：山老《清淚痕》 2 一書，細看皆是血淚。

山老的《清淚痕》一書，細細讀之全是血淚。

◆**江含徵** 3 **評點**：古今惡文，亦純是血。

從古至今的低劣文章，也都是血寫成的。

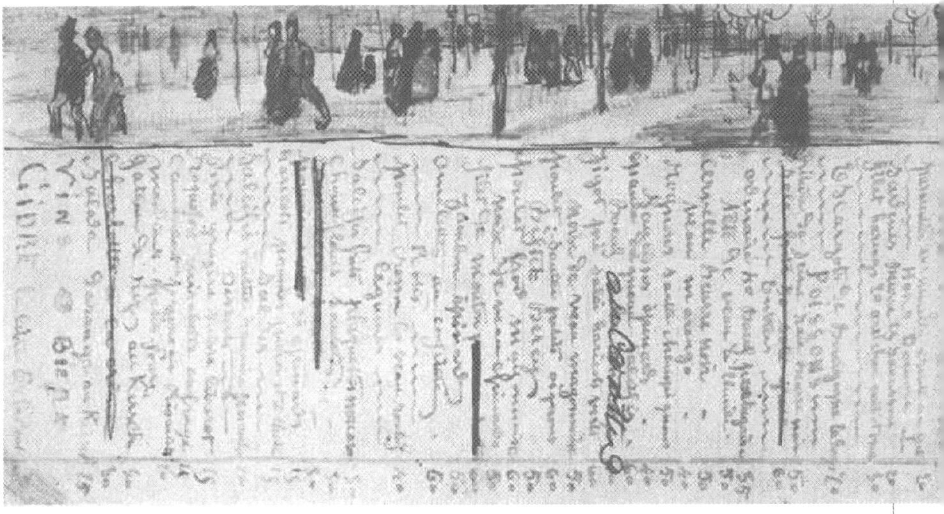

上乘的文學作品，無論是詩詞歌賦或其他體裁，其共通的特點是在大時代的社會格局下，作者小我有著何等的人生經歷、心緒體會。如唐代的杜甫寫下了不少永留千古的佳作，被後人譽爲「詩聖」。他曾經歷「安史之亂」，親眼見證戰亂的殘酷無情，也飽嘗漂泊無依與饑寒交迫的窘境，才得而寫出反映社會景況的動人詩篇。然而，就算身處在同樣的時代，每位創作者因著心性的不同，對事物的體察面向不同，筆力文風亦各有所長、各擅勝場，是以佳篇巨著之造就如繁花盛開，錦繡翩翩。

這就是爲什麼張潮說，上乘的文學作品都是以血淚所寫成，不盡然都要哭訴國仇家恨，這裡所謂的血與淚是明喻也是隱喻，來自創作者親身的體驗與觀察，也來自他們內裡源源不絕、生動活潑的神采靈思。

情之一字

情之一字，所以維持世界；才之一字，所以粉飾乾坤[1]。

1粉飾乾坤：才氣將世間裝飾得氣象一新。粉飾，裝飾、打扮。乾坤，本指易經上的乾卦（天）與坤卦（地），後用以借指陰陽、夫婦、日月等概念。

2吳雨若：本名吳肅公（一六二六年至一六九九年），字雨若，號晴岩，一號逸鴻，別號街南，清初安徽宣城人。明末諸生，滿清入主中原後，不入朝為官，改以賣字與行醫為生，晚年多病。著有《明語林》、《雲間雜記》、《街南文集》等書。

3釋中洲：即釋菌人，法名海岳，字菌人，號中洲。擅長繪畫。

白話翻譯

「情」這個字，是維持世界生生不息的要素；「才」這個字，則將天地裝點得更加美好。

◆**吳雨若**[2]**評點**：世界原從情字生出，有夫婦，然後有父子；有父子，然後有兄弟；有兄弟，然後有朋友；有朋友，然後有君臣。

世界原本是從「情」這個字所衍生出來的，先有夫婦，然後才有父子；有了父子，然後才有兄弟；有了兄弟，然後才有朋友；有了朋友，然後才有君臣。

◆**釋中洲**[3]**評點**：情與才缺一不可。

「情」和「才」，缺少一個都不行。

賞析

人與人之間的關係得靠感情來維持——愛情、親情、友情、忠義之情，充分流淌貫穿於夫妻、家人、朋友等情分與情誼不一而足的人我關係。如果沒有了感情，人與人之間還剩下什麼，利益的交關、得失的算計，人咬人、人吃人的世界將是多麼冷酷而令人傷神，令人神傷。

才，指的是才華洋溢的文人，他們以所見所聞所想，透過打動人心的文學佳構，抒發自己的情志，觀察這個社會，擁抱大千世界也被大千世界所擁抱。文人才子，是人間的一道道絢麗光彩，人世光景不盡然那麼美好，卻有光彩時不時劃過、點亮這個世界，讓人在心中永記美好，常懷美好的想望。

孔子生於東魯

孔子1生於東魯，東者生方，故禮樂文章，其道皆自無而有；釋迦2生於西方，西者死地，故受想行識3，其教皆自有而無。

1 孔子：姓孔，名丘，字仲尼，春秋時代魯國人。生於西元前五五一年，卒於西元前四七九年。年輕時在魯國擔任官職。後周遊列國十四年，四處尋找可以採納他政治理念的君主，但沒有一個國君願意實踐他的政治理想。六十八歲時，返回魯國，整理編訂古籍經典。教育弟子不遺餘力，後世尊他為「至聖先師」，也稱他為「孔子」。

2 釋迦：全稱為「釋迦牟尼」，是梵語「sakyamuni」的音譯，意思是釋迦族的聖人。其為佛教創始人，俗名悉達多，生於西元前五六六年，本為釋迦國的王子，因出城見到老弱與染疾之人，回去後對人的生老病死進行反思，後來決定出家修行，以求解脫生老病死之苦。他二十九歲出家，歷經了六年苦修，在一個進行禪修的夜晚，體證涅槃，解脫生死輪迴。自此以後，被稱為佛陀，向人布道說法，教導世人成佛解脫之法，並組織僧團，直至西元前四八六年圓寂。

3 受想行識：佛家語，這裡列出五蘊當中的四種。五蘊，即色、受、想、行、識，眾生皆由五蘊聚合而生。色蘊，指的是眾生的身體皆由各種因緣條件彼此和合會集而成，意即具備生所需的一切條件，眾生才有了身體，待肉身毀壞，眾生就死亡，所以身

◆**吳街南**4 **評點**：佛遊東土，佛入生方；人望西天，豈知是尋死地。嗚呼！西方之人兮，之死靡他。

佛教傳到東方中國，佛教思想進入了「生」的方位；凡人則期望進入西方極樂世界，哪裡知道是自尋死路。哎，在西方的人啊，一心求死再無其他。

◆**殷日戒**5 **評點**：孔子只勉人生時用功，佛氏只教人死時作主，各自一意。

孔子只勉勵人活著時要努力修身養性，佛教只教人要在死的時候做主，各自的主張不同。

體是虛幻的，因為它無法永恆存在。
受蘊，指的是苦樂等感受，這些感受也是虛幻的，因為苦樂等感受的生滅皆無常，即不可預期何時會發生，也不可預期何時會結束，且存在的時間極為短暫，故曰無常。
想蘊，是幻想（思考，想像），是實際上不存在的東西，眾生幻想它存在。像是眾生想要喝水，看到日光像水溶的樣子，將之想像為水，實際上並沒有水的實體存在，這便是妄想，實際上不存在，卻幻想它是存在的。
行蘊，即造作之義（意志，心理的變化與流動），驅使心造作出善、惡、無記（善惡之外，無法加以分辨）這三種心理。
識蘊，即是了別外境（認識，辨別），能夠知覺外面境界的心，稱為識。
4 吳街南：本名吳肅公（一六二六年至一六九九年），字雨若，號晴岩，一號逸鴻，別號街南，清初安徽宣城人。明末諸生，滿清入主中原後，不入朝為官，改以賣字與行醫為生，晚年多病。著有《明語林》、《雲間雜記》、《街南文集》等書。
5 殷日戒：本名殷曙（一六二四年至？年），字日戒，號竹溪，清代安徽歙縣（歙在此讀作「社」）人。原是張潮父親張習孔的門人，後亦和張潮交情不錯。著有《竹溪雜述》等書。

白話翻譯

孔子出生在東方的魯國，東是生的方位，所以儒家提倡的禮樂制度與文學典章，思想是從無到有；釋迦牟尼出生在西方，西是死的方位，所以色受想行識五蘊佛教義理，都帶著從有到無的思想。

賞析

這則小品文以中國為主體本位，比較了源自其東方與西土的「宗教」思想差異。

先說中國東方。禮樂典章制度，最早是周王朝用來維繫整個社會的道德規範，並非孔子創造發明，而是周公所制定的。可到了春秋時代，禮崩樂壞，各國諸侯的野心無窮無盡，誰都想取代周天子，那些典章制度、禮樂教化再也無法約束人心與人的行為；於是，當其時見到了這一切的孔子，開始提倡恢復周代的禮樂典章制度，並在此基礎之上進一步建立思想，發展出自己完整的思想學說，才有了所謂的儒家思想。可以說孔子是儒家思想的創始者，更是儒家的代表人物，而後才在中國各朝代鋪天蓋地為政權機器所採用與彰顯，儼然成了一國之教，所以儒家也有儒教之稱。張潮當然知道儒家提倡的禮樂典章制度不是孔子從無到有創造出來的，只是很自然地以名聞遐邇的他做為代表人物。

再說中國的西方。釋迦牟尼是佛教的創始人，其思想主張是「**緣起性空**」，指一切世間萬物皆由因緣聚合而生，即一個事物的產生是由各種因緣條件聚合而成，如果離開了這些因緣條件，則事物就無法存在。像是一棵樹能夠長成，是因為有合適的土壤、雨水與陽光才能長成一棵樹，一棵樹的長成並非必然，當這些條件無法滿足時，樹木即無法生長。而長成的樹木有壽命的限制，並非永恆存在，當它從發芽至長成，無時無刻都在變化著，因為萬物皆處在不斷的變化之中，所以，沒有任何實體是永恆不變的，萬事萬物皆無自性，這就是「空」。然而說萬物是空、無自性，並不代表它們不存在，而是說它們必得依恃適當的因緣條件才能存在，並非只依靠自己就能存在。因此，我們應當以事物原本的面貌去觀照它、看待它，了解世間萬物皆是有限的存在，所以不應當執著，當它消亡時也就不會悲傷難過了。

【161】孔子生於東魯

學 quĕ hiŏ 國
Gymnasium Imperij
仲 尼
先師
天下
書經 Xu Kim
春秋 chun cieu
大學 ta hio
中庸 chum yum
論語 Lun yu
易經
詩經
孟子 mem çu
孔夫子 CVM FV ÇU siue CONFVCIVS, qui et honoris gratiâ 仲尼 CHVM NHIJ dicitur, Philosophorum Sinensium Princeps; Oriundus fuit ex oppi
KIO FEV Prouinciæ XAN TVM. Patrem habuit XO LEAM HE Praefectum ÇEV ditionis, Matrem CHIM dictam e prænobili yenfamili
Natus est autem Imperantis LIM VAM (qui fuit e tertiâ CHEV domo Imperiali Princeps 23) anno primo et vigesimo, et ante Christum 551. dis
pulos numerauit ter mille, quos inter eminebant duo et 70, et hos inter rursus decem selectissimi, quorum nomina sui tabellis inscripta, Visuntur in Impe
gymnasijs. post irritos conatus et labores desperatâ temporum suorum et principum reformatione, migrauit e vita anno æt. 73 et KIM VAM Imperatoris
25.o anno 49.o huius prosapia non interruptâ serie propagata, hoc anno 1687. quo Nepos ordine 68 in Natali Confucij Sede cum Ducis titulo residet.
Computat annos 2238.
A Paris. Chez Nolin Rue S. Iacques A L'Enseigne de la Place des Victoires. Auec Priuilege du Roy.

人之所以會對萬物的死亡感到悲傷，是覺得萬物現在存在就應該永遠都會存在，而沒有意識到萬物一直都處在變動的狀態中，所以當萬物死亡時，我們感到悲傷痛苦，這正是不明白空義所致。

張潮提到，西方是死的方位，而佛教主張的極樂世界，就在我們這個世界的西方十萬億佛土之外，所以佛教徒死後無不想要到「西方極樂世界」。張潮因而認爲釋迦牟尼的哲學理論是從有歸無，然而佛教講的其實是「緣起性空」，老莊道家的思想才主張「無」。當佛教初傳至中國時，因義理深奧難明，所以魏晉時代的人以老莊的「無」去解釋佛教的「空」，因此爲「格義佛教」。雖然「無」與「空」有相似之處，但兩者的思想義理其實大相逕庭，因此以道家的「無」來理解佛教的「空」是有爭議的。

張潮此處以方位來闡述儒家與佛教的思想義理，應該是考量到任何一個思想學說的形成，都與其發源的文化背景有關——孔子生於東方，所以他的思想學說受到中國文化與歷史背景的影響；而釋迦牟尼生於印度，相對位於西方，他的思想學說自然受到印度的歷史與文化的影響，所以儒家與佛教才會發展出兩套不同的思想體系。

有青山方有綠水

有青山方有綠水，水惟借色於山；有美酒便有佳詩，詩亦乞靈[1]於酒。

1乞靈：原指求助於神靈，此指飲酒以尋覓靈感。
2李聖許：生平不詳。

白話翻譯

有青色的山才有綠色的水，是因爲水向山借來了顏色；有香醇的美酒就能有好詩，是因爲詩也向酒借取靈感。

賞析

水本無顏色，但水卻能反映出它所映照事物的顏色，當青翠的山倒映在水中時，水就能反映出山的青綠色，感覺就像是水向青山借取了顏色。與其說水向青山借取顏色，倒不如說因爲水本來沒有顏色，所以能像畫布一樣倒

◆**李聖許[2]評點**：有青山綠水，乃可酌美酒而詠佳詩。是詩酒又發端於山水也。

有青色的山、綠色的水，才宜於飲美酒、詠好詩。也可說，詩和酒是源自於山水的。

映出事物的顏色，可以映照出事物原本的樣子——當紅色的花倒映在水中，水就映照出花的紅色；當藍天倒映在水中時，就映照出天空的藍色。

啜飲美酒佳釀可以引發靈感，令詩人詩性大發，進而創作出好的作品，是故張潮認爲這是詩人向酒借取了靈感之故。其實，美酒與好詩之間無必然關係，能得到創作靈感的東西非常多，也可能與創作者看到或聽到任何令他心有所感的人間景致有關。想來，張潮應該極爲喜愛飲酒，大概他每次飲酒時都有繆思女神來訪，又或者是他每次寫詩創作時都有美酒相伴，所以才會得出這樣的結論。

嚴君平以卜講學者也

嚴君平1以卜講學者也，孫思邈2以醫講學者也，諸葛武侯3以出師講學者也。

1嚴君平：本名嚴遵，字君平，生卒年不詳，西漢人。隱居山林不入朝為官，以替人占卜吉凶為生。

2孫思邈：約生於西元五八一年，卒於六八二年。唐代京兆華原（今陝西省耀縣東南）人。年少時因病而學醫，乃至精通醫學；採草藥為人治病，視病無分貴賤，世人尊為「藥王」。隋唐二朝皇帝共三次授予官職，堅決不受。著有《千金方》等醫書。

3諸葛武侯：即諸葛亮，字孔明。生於西元一八一年，卒於二三四年。三國蜀漢琅琊郡陽都（今山東省沂水縣）人。東漢末年避亂，原隱居隆中（今湖北省襄陽市西郊），相傳劉備三顧茅廬才出山。智謀過人，忠心輔佐劉備以及後主劉禪。曾用計大敗曹操於赤壁，輔佐劉備平定益州，使蜀漢與曹魏、孫吳三分天下。封武鄉侯，因與曹魏長期爭戰，鞠躬盡瘁而死，謚號忠武。著有《諸葛武侯集》。

4殷日戒：本名殷曙（一六二四年至？年），字日戒，號竹溪，清代安徽歙縣（歙在此讀作「社」）人。原是張潮父親張習孔的門人，後亦和張潮交情不錯。著有《竹溪雜述》等書。

5戴田友：《幽夢影》評註家尤君若先生認為，指的可能是戴田有，即戴名世（一六五三年至一七一三年），字田有，一字褐夫，號藥身，又號憂庵，人稱南山先生，又稱「潛虛先生」，清代安徽桐城人，享譽文壇。康熙四十八年（一七〇九年）考中進士，擔任編修一職，後被朝臣彈劾其所撰《南山集》用了永曆年號，獲罪入獄，被斬殺。後人編有《戴南山先生全集》。

◆**殷日戒4評點**：心齋殆又以《幽夢影》講學者耶？

心齋大概是透過《幽夢影》來講述自己的學問主張吧？

◆**戴田友5評點**：如此講學，才可稱道學先生。

像這樣傳授學問，才能稱為道學先生。

白話翻譯

嚴君平是以替人占卜吉凶來講授學問，孫思邈是以替人治病來講授學問，諸葛亮是以行軍作戰來講授學問。

賞析

講授學問的方式有很多種，並不是只有當老師，在課堂上講課才是傳授學問。張潮這裡列舉出三種方式，第一種是占卜，雖然卜筮含有迷信色彩，但能夠精通占卜且能解說占卜的卦象吉凶，必須精通《易經》等占卜之書，所以能夠替人占卜的人，必然是學問淵博的人。世俗之人多喜歡找人占卜吉凶，《易經》原是卜筮之書，在經過孔子作傳後，才彰顯出其所蘊含的儒家哲理，是儒家重要典籍。因此，占卜者可透過解說《易經》的卦象，傳遞其中的哲學思想，也等於讓問卜者可在無形中接觸、學習儒家思想。

第二種是行醫，替人看病，病人不是醫者，自然無法學習到醫學知識，但可以略知醫藥處方的功效。重要的是，醫者把自己的所學所知，透過行醫之道實踐了出來，救死扶傷，讓人得以在這個世間活下去，不與親愛的家人分離。

第三種是行軍打仗，善於作戰的人，必定熟讀兵書，了解軍事謀略，指揮戰爭的人透過講解行軍布陣的方法，將知識傳授給士兵，也是傳承學問的一種方法。不過，張潮特地舉諸葛亮爲例子，是有其深意的，因爲他象徵著忠義，一心爲恢復漢朝天下而拚搏，他內在有其不容顚仆的理想性格在支撐著，所以才會一次又一次地出師。諸葛亮以身作則，以身傳教，這般的典型在夙昔，讓後人深深地被他打動，也深深地懷念他。

人則女美於男

人則女美於男，禽則雄華於雌，獸則牝牡[1]無分者也。

1牝牡：讀作「聘母」，分指雌性動物、雄性動物。

2杜於皇：本名杜濬（一六一一年至一六八七年，濬讀作「俊」），字於皇，號茶村，清初湖廣黃岡（今屬湖北）人。明末諸生，滿清入關後沒有做官，長年居住於江寧（於今江蘇南京境內），逝於揚州。詩文皆擅，詩名更盛（學習杜甫詩風），著作盡皆散佚，僅存《變雅堂遺集》。

3徐松之：本名徐崧，字松之，清代江蘇吳江人，喜遊名山勝水。頗有詩名，與友人張大純合輯《百城煙水》。

白話翻譯

人類是女人比男人美麗，禽類是雄性比雌性華麗，走獸則公母美醜無甚差別。

◆**杜於皇**[2]**評點**：人亦有男美於女者，此尚非確論。

人也有男人比女人貌美的，這並非定論。

◆**徐松之**[3]**評點**：此是茶村興到之言，亦非定論。

這是杜茶村興之所至的言論，也並非定論。

賞析

大體來說，人類之中，女人比男人容貌美麗，而且女人也喜歡梳妝打扮，正所謂「**女為悅己者容**」，女人爲了男人而打扮，以取悅、討好男人。這是因爲古代是父權社會，女人多依附於男人而活，是以必須費盡心思討男人歡心。也因此女人比男人更在意自己的容貌美醜，會去刻意打扮，才讓人覺得女人是比男人貌美的。其實天下當然也有許多俊美的男子，在武則天執政掌權時期，她就有許多容貌俊美的面首。由此觀之，女人比男人貌美，並非是定論，而只是一般人的刻板印象；若男人爲了討好女人而刻意地裝扮自己，在容貌上也能勝過女人。

禽類，像是孔雀、雞等等，都是雄性比雌性漂亮。孔雀有極長的尾上覆羽，在求偶時會開屏以吸引異性。公雞的毛色偏深紅色且有光澤，尾部的羽毛顏色較爲鮮豔，較長且下垂；母雞的體色則較單調，羽毛沒有光澤，尾部羽毛較短，相較於公雞則顯遜色。

至於走獸類如馬匹、牛隻、老虎等等，確實如張潮所說，公母的外表無甚差別，例外者大概是獅子，雄獅有很長的鬃毛，母獅則沒有，以外貌來說，公獅確實比母獅漂亮。

鏡不幸而遇嫫母

鏡不幸而遇嫫母1，硯不幸而遇俗子，劍不幸而遇庸將，皆無可奈何之事。

1嫫母：原指黃帝的第四個妃子，其容貌醜陋，黃帝因而命她擔任逐疫驅鬼之職，其容貌甚且被用做在送喪行列前開道的神像；後世以嫫母稱醜女。嫫，讀作「摩」。

2閔賓連：本名閔麟嗣（一六二八年至一七〇一年），字賓連，號檝庵，清代安徽歙縣（歙在此讀作「社」）人。知名學者，喜歡旅行，每遊覽到一處都要寫詩吟詠。著有《廬山集》、《古國都今郡縣合考》、《黃山松石譜》等書。

3曹沖谷：本名曹鉿（讀作「哈」），字沖谷，直隸豐潤（今屬河北）人，著有《雪窗詩集》。

4癡漢：指拙鈍不靈之男子。《北史卷七・齊本紀・顯祖文宣帝》：「帝大笑曰：『天下有如此癡漢！方知龍逢、比干，非是俊物。』」（天下竟有如此愚鈍的男人！由此看來，那關龍逢、比干為了勸諫君主而死，他們也不是聰明人。）關龍逢：夏朝的賢臣，勸諫暴君桀不聽而被殺。比干：商王紂的叔父，是賢臣，後因勸諫紂王不被接納而被殺。

白話翻譯

鏡子遇到醜女，不幸；硯臺碰到不識字的俗人，不幸；寶劍遇上平庸的將領，不幸；這些都是無可奈何的事。

◆**閔賓連**2 **評點**：心齋案頭無一佳硯，然詩文絕無一點塵俗氣，此又硯之大幸也。

心齋書桌上連一方好硯臺也沒有，可他所寫的詩文連一點庸俗之氣也無，這又是硯臺的一大幸了。

◆**曹沖谷**3 **評點**：最無可奈何者，佳人定隨癡漢4。

最讓人毫無辦法的是，美麗的女子總是嫁給愚癡不靈的男人。

賞析

懷才不遇最是悲哀，人最怕的是有滿腹的才學卻無法遇到賞識他的明主。漢初的韓信剛投靠劉邦時，也未能得到重用，是蕭何先發現了韓信的過人才能，覺得他是個不可多得的人才，而向劉邦舉薦。甚至，當韓信因未得到劉邦重用而負氣出走時，也是蕭何去把他給追回來的。如果韓信沒有遇到蕭何這個知音人，大概一輩子都庸庸碌碌，無法有所作為了。

不僅人的情況如此，物也是一樣，張潮在此列舉了三種物品，打趣地說明物品何以不幸，何以「懷才不遇」——第一種是鏡子，鏡子是讓人映照自己容貌、修飾裝扮之用的。若是美女，自然可以藉由鏡子的輔助，把自己裝扮得更美，如此就能發揮鏡子真正的功用；若是醜女，在張潮看來，即便再如何打扮，也無法變美，這時候鏡子就無用武之地了。

第二種是硯臺，硯臺是用來磨墨的，只有寫字繪畫的人才需要磨墨，這裡指的是前者，硯臺為了那些需要寫字的人服務；但若是遇到不識字的文盲，那麼即便再好的硯臺也派不上用場。第三種是劍，正所謂「寶劍配英雄」，只有精通劍術、擅長行軍作戰的將領，才能把利劍殺敵的功用真正發揮出來；若是遇到平庸的將領，再好的劍在他手中也宛如廢鐵一般。

天下無書則已

天下無書則已，有則必當讀；無酒則已，有則必當飲；無名山則已，有則必當遊；無花月則已，有則必當賞玩；無才子佳人則已，有則必當愛慕憐惜。

1弟木山：張潮的弟弟張漸，字木山，曾參與《昭代叢書》的編纂工作。

2吾家黃山：我們家鄉的黃山。張潮一家人的祖籍是安徽歙縣（歙在此讀作「社」），正好就位在黃山南麓，是以張漸如此稱之。

白話翻譯

天下若沒有書也就罷了，若有一定要閱讀；沒有酒也就罷了，若有一定要啜飲；沒有名山勝景也就罷了，若有一定要前往遊覽；沒有花卉和月亮也就罷了，若有一定要觀賞品玩；沒有才子佳人也就罷了，若有一定要愛慕憐惜。

◆**弟木山**[1]**評點**：談何容易，即吾家黃山[2]，幾能得一到耶？

哪有說的這麼容易，就連我們家鄉的黃山，何時能前往遊覽一番呢？

賞析

人一旦遇到自己感興趣的事物，不管它價值千金，或者遠在萬里千山，一定要想方設法得到與珍藏。對於愛書之人來說，書是最寶貴的資產，尤其是那些千金難求的孤本，更讓許多藏書家趨之若鶩。而對於喜歡閱讀的人來說，讀遍世間他們所有感興趣的書，是他們共同的願望。對於喜讀書、又愛大自然勝景的人，那麼千里跋涉前往名山大水一觀，正合了「**讀萬卷書，行萬里路**」的高蹈心志。

而對於喜歡飲酒的人，再怎麼珍貴的美酒佳釀，他們都會設法買來品嘗，飲盡世間各種美酒是他們共同的願望。對於喜歡賞花的人來說，他們也會不惜千金購買品種珍稀的花卉；至於賞月則要看老天爺是否作美，若是滿月的日子遇到烏雲密布，就算有心賞月也只能敗興而歸。

對張潮這位愛眞、善、美的文人而言，無論是才子或是佳人都令人傾慕想望，只可惜世間難求，因此這樣的存在若眞降臨在他身邊，他必定是要去親炙的。

秋蟲春鳥

秋蟲1春鳥，尚能調聲弄舌，時吐好音；我輩搦管拈毫2，豈可甘作鴉鳴牛喘3！

1秋蟲：指在秋天鳴叫的蟋蟀。

2搦管拈毫：本指握筆，此處借以比喻提筆寫文章。搦，讀作「諾」，執筆、握筆。管、毫，皆代指筆。拈，讀作「年」，用手指夾、捏。

3鴉鳴牛喘：鴉鳴，烏鴉的鳴叫聲。牛喘，牛喘息的聲音。這兩種聲音都很難聽，此處比喻寫出來的文章不堪入目。

4吳薗次：本名吳綺（一六一九年至一六九四年），字薗次，號聽翁、林蕙堂，清代安徽歙縣（歙在此讀作「社」）人，居江都（今江蘇揚州）。擅長詩詞與駢文，有「江都才子」之稱，著有《林蕙堂詩文集》。

5牛若不喘，宰相安肯問之：故事出自《漢書．丙吉傳》，大意是說：西漢時代的漢宣帝，曾有過一位丞相叫丙吉，他在路上看到有人鬥毆不過問，直接經過。又看到有人在驅趕牛，牛喘氣吐舌，丙吉反而問：「這頭牛被驅趕著走了多遠？」有人問：「丞相為何不問人鬥毆的死傷情況，反而去問一頭牛？」丙吉答：「民眾鬥毆是長安令、京兆尹的職責，自有他們去負責處理，我身為丞相不管小事。但現在天氣還沒到溽暑時節，牛卻大口喘氣，恐怕是氣候失常的徵兆，恐怕會對務農的人民有所傷害。調和陰陽，是屬於我的職責，當然應該過問。」

◆**吳薗次**4 **評點**：牛若不喘，宰相安肯問之5？

牛如果不是因為大口喘氣，宰相哪裡會過問？

◆**張竹坡**6 **評點**：宰相不問科律，而問牛喘，真是文章司命！

宰相不問作奸犯科律的事情，反倒去問牛為何吐舌喘氣，真是個大做文章的小神哪！

◆**倪永清**7 **評點**：世皆以鴉鳴牛喘為鳳歌鸞唱，奈何！

烏鴉鳴叫、牛吐舌喘氣，都被世人視作珍稀非常的鳳鸞鳴叫，這可怎麼辦？

6 張竹坡：本名張道深，其人介紹請見本書〈編者導讀〉文章。

7 倪永清：生卒年不詳，法名超定，清代松江（在今上海市境內）人。

白話翻譯

秋天的蟋蟀和春天的鳥，尚且能調弄自己的口舌，發出美妙悅耳的叫聲；我們這些舞文弄墨的文人，豈能甘於寫出像烏鴉鳴叫、牛喘粗氣般不入流的文章呢？

賞析

張潮認爲，就連蟋蟀和鳥都能發出美妙動人的鳴叫聲，更何況是創作文章的文人，是否應該發憤以自勉，要求自己每篇創作都要盡最大的用心去寫，絕不可敷衍了事，否則若寫出了劣質之作，豈不是連蟋蟀和鳥都不如了？

其實，不只是文人，這也是身爲一個人應有的自我期許——一個人若是沒有價值理想的追求，那麼做任何事情都無法做出一番局面來。這則小品文可看作是張潮的自我砥礪，也是他對文人朋友的勉勵。

媸顏陋質

媸[1]顏陋質，不與鏡為仇者，亦以鏡為無知之死物耳。使鏡而有知，必遭撲[2]破矣。

1 媸：讀作「癡」，容貌醜陋。
2 撲：擊打之意。
3 江含徵：本名江之蘭，其人介紹請見本書〈編者導讀〉文章。
4 若輩：你們這些人。
5 張竹坡：本名張道深，其人介紹請見本書〈編者導讀〉文章。

白話翻譯

容貌醜陋的人，之所以沒和鏡子結仇，是把鏡子當成了沒有知覺的東西。若鏡子是有知覺的，一定會被摔碎。

賞析

張潮是以主觀審美爲標準依據，去看待鏡子。鏡子是一個物品，它沒有主觀的感受，也不會分辨美醜，美人照鏡，鏡子如實地反映；醜人

◆**江含徵**3 **評點**：鏡而有知，遇若輩4早已迴避矣。

鏡子若是有知覺，遇到容貌醜陋的人早就躲開了。

◆**張竹坡**5 **評點**：鏡而有知，必當化媸為妍。

鏡子若是有知覺，一定會把醜陋的人變成美麗的人。

照鏡，鏡子也如實地反映，不會因爲對方長得醜陋，就譏笑、嘲諷對方，否則它早就被那些醜陋的人給摔得粉碎了。

在這則小品文中，張潮打趣地認爲，鏡子之所以能保全自己不被摔碎，正是因爲它無知無覺，這種說法類似道家的「無心」，而這是更高的一個層次。《莊子．應帝王篇》說：「**至人之用心若鏡，不將不迎，應而不藏，故能勝物而不傷。**」大意是指，人是有意識、有知覺的存在，而一個對「道」眞正有所體悟的人，心就像鏡子一樣，無論對方是美是醜，他都能如實地以平常心去觀照。是美的，他也覺得很好；是醜的，他也不會因此而討厭對方，所以他不會因此陷溺在個人主觀的喜好與厭惡的感受裡，進而影響到自己的情緒，這就是道家說的無心。

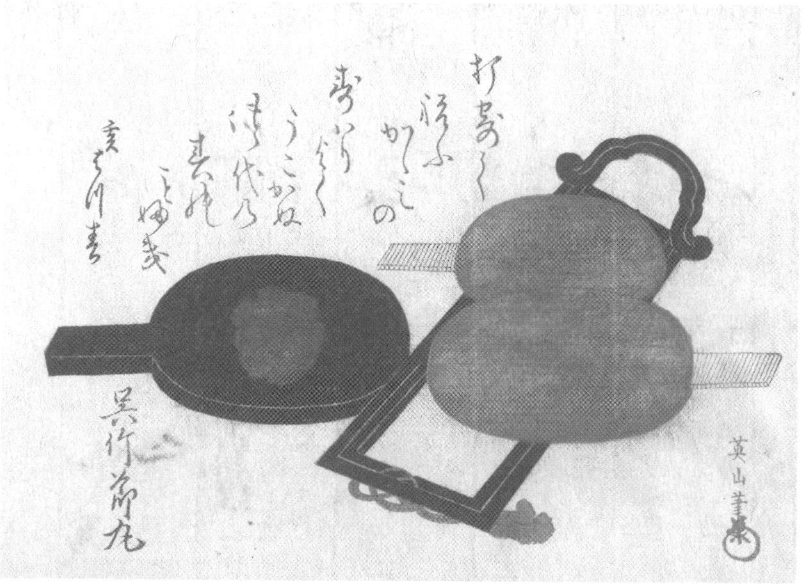

吾家公藝

吾家公藝[1]，恃百忍以同居，千古傳為美談。殊不知忍而至於百，則其家庭乖戾睽隔[2]之處，正未易更僕數[3]也。

1 公藝：即張公藝，唐代鄆州壽張（今山東梁山）人。九代同堂，北齊、隋、唐各朝都對他家予以表揚。西元六六五年，唐高宗到泰山祭天以後，回程經過鄆州，前往拜訪張公藝，並問他為何能夠九世同居，張公藝在紙上寫了一百多個忍字，呈給高宗。高宗頗為讚賞，賜予他縑帛。

2 乖戾睽隔：衝突、不和睦、隔閡。睽，讀作「葵」，通「暌」，分開、離別之意。

3 更僕數：意指人、事、物多得無法盡數。數，在此讀作「暑」，計算之意。語出《禮記．儒行》：「遽數之不能終其物，悉數之乃留，更僕未可終也。」大意是說，儒者應有的言行舉止太多了，一時之間說不完，就算換上一輪又一輪侍候的僕人也說不盡。

4 顧天石：本名顧彩，字天石，號夢鶴居士，江蘇無錫人。擅長創作戲曲劇本，孔尚任的劇本《小忽雷》，就是由顧天石填詞的。其他戲曲作品有《大忽雷》、《後琵琶記》等等。

5 倪永清：生卒年不詳，法名超定，清代松江（在今上海市境內）人。

◆**顧天石**[4] **評點**：心齋此論，先得我心。忍以治家可耳；奈何進之高宗，使忍以養成武氏之禍哉！

心齋這番言論，我先是贊同的，以忍來持家自是可以。無奈，此法獻給了唐高宗，讓他用以治國，對武則天百般忍讓，最後釀成了武氏奪權的禍患。

◆**倪永清**[5] **評點**：若用「忍」字，則百猶嫌少。否則以「劍」字處之，足矣。或曰：「出家」二字，足以處之。

如果是靠著「忍」這個字，那麼就算上百個也嫌不夠。不然，用「劍」字來對應吧，這就夠了。也有人說，以「出家」這兩個字來對應，也能解決問題。

白話翻譯

我的同姓張公藝，靠著百忍來維持九代同居，千古以來傳爲美談佳話。殊不知忍耐忍了百次以上，他們家中的不和睦與隔閡之處，想來已經多得數不完。

賞析

古代的家庭形態多爲大家庭，兄弟常常都住在一起，等到兄弟們都各自成家後，也仍然住在一起，所以家庭成員人數眾多。但九代人都住在一起的，就十分少見了。是以，唐高宗才問張公藝，能將這麼一大家子都維繫在一起，是怎麼做到的，而張公藝的法子則是不斷地忍耐。忍耐固然是一種美德，然而有的時候忍耐會助長對方囂張的氣焰，對方犯了過錯，如果只是一味忍讓，而不加以指責與指正，那麼對方永遠都不會意識到自己的錯誤，還以爲自己的行爲是正確的，進而變本加厲。而忍耐的當事人，把怒氣、不甘全都吞進肚子裡，事實上仍對對方的所作所爲十分不齒。這樣的人際關係，雖然看似和諧、少有爭吵，實際上彼此的心已經越離越遠了。

張潮看出了百般忍讓背後所可能產生的問題。以現代人的觀點來看，如果家人、親朋、同事之間有了衝突、不愉快，最好能找出方法好好地談一談，把事情說清楚，解開彼此的心結，順利的話也許能消解仇怨，如若談得不順，至少雙方已有了初步的溝通，餘下的就讓時間來消化或淡化一切了。不過，對於那些無法講道理或者至死不知悔改的人，就看你是否要像張公藝那樣，以百忍來面對了。

九世同居

九世同居，誠為盛事，然止當與割股1廬墓2者作一例看；可以為難矣，不可以為法也，以其非中庸之道3也。

1割股：割大腿肉。古代有割大腿肉給生病君王與雙親食用的做法，認為這是大忠大孝之行。
2廬墓：在墳墓旁邊蓋小屋居住，為父母、師長守喪，並守護墳墓。
3中庸之道：儒家處世的最高標準，即行事無過無不及，能不偏不倚。
4洪去蕪：本名洪嘉植，字去蕪，號秋士，清代安徽歙縣（歙在此讀作「社」）人。著有《大蔭堂集》。
5父子異宮：父子不住在同一個宮室。北齊顏之推《顏氏家訓》說：「由命士以上，父子異宮，此不狎之道也。」（被授以官職的人家，父子不應住在同一個宮室，這樣的做法比較不會導致狎近、輕慢。）
6沈契掌：本名沈思倫，字契掌，號閑吾子，安徽池州人。

白話翻譯

九代人共同居住，固然難能可貴，但也只能當成割大腿肉給雙親食用、在父母墳墓旁結廬居住這樣的特例來看待。九代同居可當作難得之事，不能做爲世代效法的準則，因這不符合儒家所提倡的中庸之道。

◆**洪去蕪**4**評點**：古人原有「父子異宮5」之說。

古人原本就有父子不住在同一個宮室裡的說法。

◆**沈契掌**6**評點**：必居天下之廣居而後可。

必須要有天底下最寬敞廣闊的住所，才有辦法九世同居。

賞析

這則小品文接續了上一則張公藝九代同居的事例，張潮繼續闡述他的見解。他認爲九代同居雖然受到世俗的讚揚，卻不能做爲大家效仿的對象，因爲這違反了中庸之道。宋代理學大家程頤在《中庸》的序言裡說：「**不偏之謂中，不易之謂庸。中者，天下之正道；庸者，天下之定理。**」這句話的意思是說：「不偏不倚叫做中，恆常不變稱爲庸。中，是天下的正路；庸，是天下不變的道理。」處世不極端偏激，能爲普天之下效法的道理，即是中庸之道。

九代同居只能算是特殊的事例，就如割股療親與在父母墳墓旁結廬的事情一樣。割股療親，把大腿的肉割下來給雙親服用，傳說可以治病，但這種做法卻會傷害自己的身體，雖然出發點是盡孝，卻不是最佳的辦法。在墳墓旁蓋屋子，替父母守喪，雖然是孝順的舉動，然而逝者已矣，放下工作不做去給父母守靈，此乃徒勞之舉。無論是割股療親或者結廬守墳，都只是一種外在的行爲罷了，並不能以此證明眞有孝心，所以張潮認爲不符合儒家的中庸之道。若是心存孝道，無論做什麼事情都不會離合宜的做法太遠，不會過於偏激。

評點家洪去蕪的「父子異宮」觀點極好，可見古時就有人與人之間應保持適當距離的觀念，才不會因爲過於親近、親暱，導致在相處時生出了狎侮、輕慢之心。

作文之法

作文之法：意之曲折[1]者，宜寫之以顯淺之詞；理之顯淺者，宜運之以曲折之筆[2]。題之熟者，參之以新奇之想；題之庸者，深之以關繫之論[3]。至於窘者[4]舒之使長，縟者[5]刪之使簡，俚者文之使雅，鬧者攝之使靜[6]，皆所謂裁製也。

1 曲折：此指論述的主旨或內容複雜曲折。
2 曲折之筆：委婉迂迴、形式多變的筆法。
3 關繫之論：揭露蘊含其中的深層涵義。
4 窘者：指內容狹隘、難以舒展開來的作品。
5 縟者：指內容複雜瑣碎的作品。縟，讀作「入」。
6 攝：即收攝。
7 張竹坡：本名張道深，其人介紹請見本書〈編者導讀〉文章。
8 王丹麓：本名王晫（一六三六年至？年，晫讀作「卓」），初名棐，字丹麓，號木庵，自號松溪子，浙江錢塘（今浙江杭州）人。明末諸生，隱居讀書，喜交友。喜刻書出版，與張潮合編《檀几叢書》。擅長寫作詩文，曾仿照《世說新語》體例寫了《今世說》。著有《遂生集》、《霞舉堂集》等書。

◆**張竹坡**[7] **評點**：所謂節制之師。

這就是所謂紀律嚴整的軍隊。

◆**王丹麓**[8] **評點**：文家祕旨，和盤託出，有功作者不淺。

全盤道出了寫作者的寫作奧祕，寫下此文的人功勞不小。

白話翻譯

寫文章的方法是：思想內容複雜深奧的，應該以淺顯的語言來表達；理論淺顯容易明白的，應該以複雜迂迴的筆法來闡述。題目常見的，就要參雜創新的構想；題目平庸的，就要發掘其中隱含的深刻思想。至於那些內容狹隘、難以舒展開來的作品，就要擴展論述，讓它看起來不會過於簡短；複雜繁瑣的，就要刪除冗文贅字讓它看起來簡短；俚俗淺白的，就要加以修飾，使文句看起來典雅；文辭浮躁的，就要加以收攝，讓它看起來平和，這些都是所謂的裁剪文章的手法。

賞析

這則小品文以簡短的語言文字，言簡意賅地論述了寫作文章的要領，通篇著重於裁剪文章的手法。張潮所謂裁剪文章的手法，無非是截長補短的意思，以下分別論述之。

「**意之曲折者，宜寫之以顯淺之詞**」，這是在說，內容複雜、道理深奧的思想，應該用淺顯的語言來表達，否則若以深奧的文字來闡述原本就很難了解的道理，結果只會適得其反；這是指，以淺顯的文字，彌補深奧難懂道理的缺陷。

「**理之顯淺者，宜運之以曲折之筆**」，這是在說，淺顯的內容，應該用複雜曲折的筆法來闡述，否則若以淺顯的筆法來表達原本即顯淺的思想內容，只會讓文章流於膚淺、直白；

這是指，以複雜曲折筆法，彌補淺顯思想內容之缺陷。

「題之熟者，參之以新奇之想」，題目耳熟能詳的，要融合新穎奇特的內容構想，才能夠推陳出新；這是指，以新穎的內容構想，彌補舊有題材之缺陷。

「題之庸者，深之以關繫之論」，題目平庸無奇的，就要從與之相關的事物發掘其中深刻的道理，以此來彌補題目庸俗的缺點。

「窘者舒之使長」，對於倉促完結、缺乏周密陳述的文章，應該擴展其篇幅，在敘述上盡量周延細密，這樣就不會給人草草結束的缺憾。

「縟者刪之使簡」，對於立論繁瑣、贅句冗長的文章，就要將多餘的句子刪除，給人言簡意賅的簡潔印象，以彌補原本長篇大論的缺點。

「俚者文之使雅」，如果文章中有俚俗的遣詞用字，就要改掉，換成雅致的文句，才能提高文章的格調，而不至於流於粗俗。

「鬧者攝之使靜」，有些文章會論述一些與題旨無關的東西，讓文章讀起來太過繁雜，好像在逛市集似的，什麼都鬧哄哄的，無法突顯主題。應把與題旨無關的論述刪去，讓它恢復安寧平和，這樣才能使人一目了然文章的主題，而不會像逛大街一樣，什麼都看到了，卻弄不懂作者真正想表達的事情。

以上這些寫作文章的方法可以用來修飾文章，好讓文章更具可讀性，藉此改善原本的缺點，很適合做爲寫文之人的參考借鑒。

笋為蔬中尤物

笋[1]為蔬中尤物，荔枝為果中尤物，蟹為水族中尤物，酒為飲食中尤物，月為天文中尤物，西湖為山水中尤物，詞曲為文字中尤物。

1 笋，同今「筍」字，是筍的異體字。

2 張南村：本名張恕，字南村，一字僧持，號蘼蕪庵。明末清初江寧人，擅長詩畫，喜歡遊覽山水名勝。著有《蘼蕪庵集》、《南村集》。

3 陳鶴山：本名陳翼，字鶴山，清代長洲（今江蘇蘇州）人。孔尚任欣賞他的才學，聘他為幕僚。著有：《草堂集》。

白話翻譯

竹筍是蔬菜中的極品，荔枝是水果中的極品，螃蟹是海產中的極品，酒是飲食中的極品，月亮是天文中的極品，西湖是山水中的極品景色，詞曲是文學創作中的極品體裁。

◆**張南村**[2]**評點**：《幽夢影》可為書中尤物。

《幽夢影》可譽為書籍中的極品。

◆**陳鶴山**[3]**評點**：此一則又為《幽夢影》中尤物。

這一則文字又可譽為《幽夢影》中的極品。

賞析

張潮是一個很懂得品味人生的人，無論在物質上或是在精神上都展現了他獨到的審美品味——竹筍口感鮮嫩，在眾多蔬果中脫穎而出；荔枝果肉晶瑩，食用倍覺香甜可口。荔枝這個水果，可是唐朝楊貴妃的最愛，唐代李牧〈過華清宮絕句三首〉就有「**一騎紅塵妃子笑，無人知是荔枝來**」這樣一句詩，意思是，唐玄宗寵愛楊貴妃，不惜勞師動眾，從千里外運送荔枝而來，只爲博取美人一笑。至於螃蟹，則不分古今中外，是許多老饕最愛的海鮮，而又以秋天的螃蟹最爲肥美。酒的味道或香醇或清洌，和美食佳餚一起享用，正可相得益彰。以上四味飲食，是張潮對物質的審美之語。

在精神審美方面，他則列出了月亮、西湖美景、詞曲作品。張潮極喜觀月，所以將月亮封爲星空中的極品。西湖美景是許多文人雅士都極爲稱讚的，北宋的蘇軾在〈飲湖上初晴後雨二首．其二〉中，以「**欲把西湖比西子，淡妝濃抹總相宜**」這兩句詩吟詠了西湖之美，意思是「若想把西湖的景色與美人西施的容貌相比，那麼無論是淡妝或濃妝看起來都很美」，意即西湖的景色無論晴雨，觀賞起來都別有一番風韻。至於詞曲，則都屬於韻文，在創作時要特別注意押韻，且詞曲都是搭配音樂以演唱的，所以對於音律也要特別注重，大概是因爲這兩種文學體裁能透過音樂演唱，表現出創作的動人，所以才被張潮譽爲文學中的極品。

【172】筍爲蔬中尤物

買得一本好花

買得一本1好花，猶且愛護而憐惜之，矧2其為解語花3乎？

1一本：一株、一棵。
2矧：讀作「審」，況且。
3解語花：典故出自五代北周王仁裕所作的《開元天寶遺事．卷下．解語花》：「明皇秋八月，太液池有千葉白蓮數枝盛開，帝與貴戚宴賞焉。左右皆嘆羨。久之，帝指貴妃示於左右曰：『爭如我解語花？』」唐玄宗與一眾貴戚，以及楊貴妃一同觀賞白蓮，在場眾人無不讚嘆花的嬌美，玄宗則指著身旁的貴妃說「怎麼比得上這朵解語花」。意指楊貴妃是解語花，後用以比喻善解人意的女子。
4周星遠：生平不詳。
5李若金：本名李淦（一六二六年至?年），字若金，一字季子，號水樵、荔園等，清初江蘇興化人。為南明舉人，極為博學，性喜山林。著有《礪園集》、《燕翼篇》等書。
6戕賊：讀作「強則」，殘害。戕，傷害、殺害。

白話翻譯

買到一株美麗的花，尚且會細心呵護憐惜它，更何況是面對善解人意的美女呢？

◆**周星遠**4 **評點**：性至之語，自是君身有仙骨，世人那得知其故耶！

此番至情至性的言論，是像您這般仙風道骨的人才說得出來的，凡夫俗子哪裡能懂得其中的緣由呢！

◆**李若金**5 **評點**：花能解語，而落於粗惡武夫，或遭獅吼戕賊6，雖欲愛護，何可得？

善解人意的美女，若是落入粗鄙的武夫手中，或是遭到凶悍妒婦的欺凌，雖有心想愛護她，又如何能做到呢？

賞析

唐玄宗將楊貴妃比作解語花，後世也以解語花來比擬善解人意的美女。在男人的心目中，女人不僅要長得美貌脫俗，更要善解人意。這種審美標準，與古代父權社會的觀念是相關聯的，因爲在古代，女人只能是男人的附屬品，即便像楊貴妃那樣能嫁給天子、得到權勢的女人，也還是只能依附在男人之下，是以，討男人歡心就成了她們鞏固自身地位的手段。

不過，如果我們把解語，也就是善解人意這個特質單獨拿出來看，則無論男女老幼，只要是人與人之間的互動，都會有解語的需要，那是一種人際互動的技巧，要我們懂得審時度勢，在合適的時候說合適的話，這麼一來，人際要和諧往往不會太困難。

在這則小品文中，張潮不僅以鮮花比喻美女，更表達出了除了欣賞，他還深諳得尊重美人、憐惜愛護美人的道理，他確然是個眞正熱愛眞、善、美之人。而這樣的想法，他也曾在第三十二則小品〈以愛花之心愛美人〉提到過，不妨前往一觀，互相參照。

觀手中便面

觀手中便面1，足以知其人之雅俗，足以識其人之交遊。

1便面：扇子的另一種稱呼。不想讓人看見自己時，用扇子遮面很方便，故稱。
2李聖許：生平不詳。
3匄：讀作「蓋」，同今「丐」字，是丐的異體字，乞求、請求之意。
4畢嵎谷：本名畢熙暘，字嵎谷（嵎讀作「魚」），清代安徽歙縣（歙在此讀作「社」）人，著有《佛解六篇》等書。

白話翻譯

看一個人手中所拿的扇子，就可以知道這個人是風雅之士或是粗鄙之人，就可以知道他所交往的都是些什麼樣的朋友。

◆**李聖許**2 **評點**：今人以筆資匄3名人書畫，名人何嘗與之交遊？吾知其手中便面雖雅，而其人則俗甚也。心齋此條，猶非定論。

現在的人花錢求購名人書畫，可名人何曾與這些人交往過？我知道有的人手中拿的扇子雖雅致，可是內在很庸俗。心齋這則文字所說的，還不能算是定論。

◆**畢嵎谷**4 **評點**：人苟肯以筆資匄名人書畫，則其人猶有雅道存焉。世固有并不愛此道者。

如果肯花錢購買名人書畫，那麼這個人還算是有那麼一點風雅氣息的，畢竟這世上有並不喜愛書畫的人。

賞析

一個人所使用的物品，代表了這個人的審美與品味，文人雅士所用的東西更往往別有一番韻味。

在古代，扇子是一個人的貼身之物，能反映出一個人的性格特徵——如果上面繪的是書畫等風雅的圖案，就代表此人是個高雅的文人，反之，則可能粗鄙無文。因此張潮認爲，從一個人的品格特徵，不難推測他平時交往的都是些什麼樣的朋友——文人雅士不可能與地痞流氓打交道，而地痞流氓也不可能和文人雅士來往。是以，他的結論是，從一個人所用的扇子，能窺得這個人的品性，進而判斷此人值不值得交往。

然而，張潮這種帶了點文人脾性的交友想法，雖有其道理，不過放在我們所身處的這個行行出狀元、高手在民間的時代背景下，就有可能會略顯偏狹了。各行各業都有其精到之處，就看我們是否能留心觀察值得交往的人，也能多多省思別人是怎麼看待我們的。

水為至污之所會歸

水為至污之所會歸[1]，火為至污之所不到。若變不潔為至潔，則水火皆然。

1會歸：二字皆有聚合之意。
2江含徵：本名江之蘭，其人介紹請見本書〈編者導讀〉文章。

白話翻譯

水，是最污穢的東西匯流聚集的地方；火，是最污穢的東西所到達不了的場所。若是要把不乾淨之物變成最乾淨的東西，那麼水和火都能做到。

賞析

水的特性是往下流，當它往下流的時候會順便把泥沙、污穢的東西帶走；而當水聚集在凹陷的地勢中時，這些髒東西也會隨之匯聚。從這一點看，水似乎是不好的，因爲它變成了藏污納垢的場所；但從另一個角度來看，污穢的東

◆**江含徵**[2]**評點**：世間之物，宜投諸水火者不少，蓋喜其變也。

世上的東西，適合丟到水火裡面的還挺多的，這是因為人們喜歡見到它們的轉變與變化啊。

西是大家所厭惡的，而水卻能承擔天下最污穢骯髒的東西，忍受尋常人不能忍受的事情，默默地把髒污洗刷殆盡，留下一片淨土給世間萬物，這又何嘗不是水成全了天地萬物，使我們能夠存活下去的貢獻呢？

若從人生修養的角度來看，能承擔天下最骯髒污穢東西的水，正猶如一國的統治者。要想把國家治理好，首先就得認認眞眞地爲百姓做事，在災禍發生的時候，要能承擔起天下的責任，替百姓解決禍患。在此同時，統治者也要能放下尊嚴，承受天下人的批評與指責，不能因爲被批評就忍受不了，而濫用法令去堵住悠悠眾口，如若這麼做終將會受到人民的反彈，而失去了權勢與地位。這就是《老子・七十八章》所說的：「**受國之垢，是謂社稷主；受國不祥，是為天下王。**」這句話的意思是說：「能夠承受一國的污垢，才是社稷的主人；能夠承擔一國的禍患，才是天下的王者。」

張潮的這則文字，從水講到火，從污穢講到乾淨，看似觀點相反，實則殊途同歸——水是匯聚污垢的地方，可是又因爲它的流動性，而能或沖刷或循環地將自己滌淨，所以水是溫柔的，力量是綿長的；火則見魯莽，有股直白明快的力量，一下子便以高溫焚燒的方式消滅所有污穢的東西，而消滅殆盡的下一章，便是一切重生，重新來過。水火或許不同源，但它倆同功，都是人世間極重要寶貴的資源，就看現今的人類如何善加保護之，運用之。

貌有醜而可觀者

貌有醜而可觀者，有雖不醜而不足觀者；文有不通而可愛者，有雖通而極可厭者。此未易與淺人1道也。

1淺人：膚淺、沒什麼見識的人。

2陳康嚋：本名陳均，字康嚋（嚋讀作「愁」），清代安徽歙縣（歙在此讀作「社」）人。著有《畫眉筆談》。

3相馬於牝牡驪黃之外：挑選好馬不拘泥於性別毛色。故事出自《列子・說符》，大意是說，古代有個名叫伯樂的人，他很擅長相馬，可以分辨出馬的優劣，可他年紀大了，就推薦九方皋為秦穆公去尋找駿馬。找來後，穆公問是什麼樣的馬，九方皋回答是匹黃色的母馬，穆公派人去看發現是匹黑色的公馬，便責備九方皋。等到馬取來，果然是天下稀有的良馬。足以證明九方皋在判定馬的優劣時，並不去留心其性別與外貌，他看的是馬兒的風骨素質，是個真正懂得相馬的人。

4李若金：本名李淦（一六二六年至？年），字若金，一字季子，號水樵、荔園等，清初江蘇興化人。為南明舉人，極為博學，性喜山林。著有《礪園集》、《燕翼篇》等書。

◆**陳康嚋**2**評點**：相馬於牝牡驪黃之外3者，得之矣。

挑選好馬時，能不拘泥於公母、毛色等外在表徵，才是真正懂得相馬之人。

◆**李若金**4**評點**：究竟可觀者必有奇怪處；可愛者必無大不通。

推究起來，值得欣賞的人，一定有他獨到特別之處；令人喜愛的文章，裡頭的文句必定沒有特別不通順之處。

白話翻譯

有些人容貌醜陋，仍有值得欣賞之處；有些人雖容貌不醜，卻無值得欣賞的地方。有文句不通順、仍值得讚賞的文章；有文句雖然通順、卻十分討人厭的文章。這其中的道理，是無法和庸俗的人說清道明的。

賞析

一個人是否有值得欣賞的地方，並不能單純以外貌判斷。然而很多時候，人的長相美醜，似乎決定了給人的第一印象，外貌好看的人容易給人好印象，其貌不揚的人則會帶給人不好的印象。然而一個人內在的品行與價值，從外表的美醜並看不出來，甚

至加以論斷。有的人外貌俊美，內心卻陰險狡詐、粗鄙不堪；有的人外貌醜陋，內心卻很善良，氣質優雅端莊。

文章的好壞也不能單憑文句通順與否來評定。有些作品雖然文句不通順、辭不達意，然而它想表達的思想內容卻新穎獨特，那麼這篇文章就是值得讚賞的。有些文章的文句寫得十分通暢，但它要表達的思想卻是陳腔濫調、令人厭惡。

張潮認爲，他前面所持的這兩種觀點，只有素養內涵夠深厚的人才能了解其中眞諦。若是尋常的庸俗之輩，只懂得「以貌取人」，往往會以文句通順與否來評斷一篇文章的優劣，他們是絕對無法理解張潮的話的。張潮在這則小品文中，不僅陳述了自己內在的理想，還將世上見識淺薄之人批評了一番。

遊玩山水亦復有緣

遊玩山水亦復有緣，苟機緣未至，則雖近在數十里之內，亦無暇到也。

1張南村：本名張惣，字南村，一字僧持，號蘼蕪庵。明末清初江寧人，擅長詩畫，喜歡遊覽山水名勝。著有《蘼蕪庵集》、《南村集》。

2陸雲士：本名陸次雲，字雲士，浙江錢塘（今浙江杭州）人，拔貢生，擔任江蘇江陰知縣等官職。著有《澄江集》、《北墅緒言》。

3戊寅：康熙三十七年，一六九八年。

白話翻譯

遊覽山水也要有機緣，假若機緣還不成熟，山水就算離家近在數十里之內，也沒有空前往。

◆**張南村**1**評點**：予晤心齋時，詢其曾遊黃山否。心齋對以「未遊」，當是機緣未至耳。

我和心齋會面的時候，詢問過他是否曾遊歷過黃山。心齋回答「沒有」，應該是機緣未到的緣故。

◆**陸雲士**2**評點**：余慕心齋者十年，今戊寅3之冬，始得一面，身到黃山恨其晚，而正未晚也。

我仰慕心齋十年，直至這個戊寅年的冬天才得而見上一面，我本遺憾太晚才到黃山一遊，然而其實並不晚。

賞析

張潮在此所講的「緣」，指的是能讓遊覽山水這件事做成的各種條件，像是一個人當時的心之所向如何、有空閒時間與否，有沒有財力等主觀因素，又像是名山勝水的地理位置如何、交通方便與否，當時有沒有禍亂、戰爭甚至外交等客觀因素的問題等等，無一不需要考量。今人最能直接設想到的，仍是古代交通大不易及戰爭頻仍這類客觀因素問題。

不過，來到廿一世紀的今日，出國旅遊，對我們來說原是稀鬆平常之事，然而卻在二〇二〇年的某一天，這樣的旅遊日常卻讓名之爲「新冠肺炎」的客觀「禍亂」因素給打亂了，打斷了——一場突如其來的瘟疫壞了尋常的旅遊光景，讓我們在疫情肆虐期間，再有心，也出不了國門。

而張潮在這則小品文中，想強調的似乎是「心」這個主觀因素。如果當時的心情或心意不想帶著我們前往，就算客觀條件都能配合，就算山水在你家附近，你也不想前去一遊。

貧而無諂

「貧而無諂，富而無驕[1]」，古人之所賢也；貧而無驕，富而無諂，今人之所少也。足以知世風之降矣。

1貧而無諂，富而無驕：貧窮的人不會去諂媚他人以獲得富貴，富貴的人不會因為自己富有就瞧不起窮人。典出《論語・學而》：「子貢曰：『貧而無諂，富而無驕，何如？』」（此文的「賞析」欄位有更一步的說明。）

2許來菴：本名許承家，字師六，號來菴、獵微閣，江蘇揚州人。康熙二十四年（一六八五年）進士，著有《獵微閣詩集》。

3貧賤驕人：貧賤的人不以貧賤為恥，反而很自豪，表示貧賤的人對權貴的輕視。典出《史記・魏世家》：「富貴者驕人乎？且貧賤者驕人乎？」（富貴值得驕傲嗎？還是，貧賤值得驕傲？）

4張竹坡：本名張道深，其人介紹請見本書〈編者導讀〉文章。

白話翻譯

貧窮卻不諂媚，富貴而不驕傲，是古人所尊崇推舉的品德；貧窮卻不驕傲，富貴而不諂媚，則是現今之人所欠缺的。由此可知，世俗風氣之沉淪喪亡啊。

◆**許來菴[2]評點**：戰國時已有「貧賤驕人[3]」之說矣。

戰國時代就已經有「貧賤者驕橫以欺凌別人」的說法了。

◆**張竹坡[4]評點**：有一人一時，而對此諂、對彼驕者，更難。

一個人要同時對這個人抱以諂媚，對那個人表現得驕橫，這更加不是件容易的事。

賞析

「**貧而無諂，富而無驕**」，這句話出自《論語．學而》：「**子貢曰：『貧而無諂，富而無驕，何如？』子曰：『可也。未若貧而樂，富而好禮者也。』**」這段話的意思是：「子貢問：『人雖貧窮卻不對權貴諂媚，家境富裕卻不因此感到驕傲，這樣的人，品德怎麼樣呢？』孔子答：『可以。但遠不如安貧樂道、富貴而好禮的人。』」

子貢與孔子的這段對話旨在闡述君子所推崇的品德修養，然而又有層次上的區分——子貢所說的，儘管符合了儒家對君子品德修養的要求，但仍未達孔子心目中理想的標準。做學生的認爲，人處在貧窮的環境中，不會因爲想要脫離窮困的生活，就去諂媚、巴結權貴；富有的人，也不會因自己有萬貫家財，就驕傲自滿。但做老師的則認爲，處在貧困的環境中不覺得憂慮困苦，而家境富裕的人能夠知禮、守禮，雖有萬貫家財，卻覺得自己與普通人沒有什麼不同，能做到這樣，才眞正具備了君子的品德。

張潮藉著《論語》這段話抒發了自己的看法，他感嘆世風日下，他所處的時代，做爲一名君子，不但連子貢所說的「貧而無諂，富而無驕」基本標準都無法做到，社會的整體氣氛甚至淪落到更等而次之的「**貧而驕，富而諂**」地步，當世之人的品德修養可說遠遠不如古代的賢人。

昔人欲以十年讀書

昔人欲以十年讀書，十年遊山，十年檢藏①。予謂檢藏盡可不必十年，只二三載足矣。若讀書與遊山，雖或相倍蓰②，恐亦不足以償所願也。必也，如黃九煙前輩之所云，人生必三百歲而後可乎？

1 檢藏：檢查點閱所收藏的書籍。

2 倍蓰：倍，一倍；蓰（讀作「喜」），五倍；倍蓰，從一倍到五倍，形容數目翻倍，此指所花費的時間相差好幾倍。

3 江含徵：本名江之蘭，其人介紹請見本書〈編者導讀〉文章。

4 孫松坪：本名孫致彌，字愷似，號松坪，又號杕左堂。江南蘇州府嘉定縣人。生卒年不詳，約康熙年間在世。康熙廿七年（一六八八年）進士，官至侍讀學士。著有《杕左堂集》、《杕左堂續集》和《杕左堂詞》（杕，在此讀作「第」，樹木孤高而立的樣子）。

5 李長蘅：即李流芳（一五七五年至一六二九年），字長蘅，一字茂宰，號檀園、香海、泡庵，晚號慎娛居士、泡庵道人，安徽歙縣（歙在此讀作「社」）人。晚明畫家、文學家，工詩，擅長書法，能刻印，亦精通山水畫。著有《檀園集》。

6 每個峰頭住一年：此為明代詩人鍾禧的詩句（〈和友人招西湖〉：萬頃西湖水貼天，芙蓉楊柳亂秋煙。湖邊為問山多少，每個峰頭住一年。）這首詩表達了詩人對西湖景色的熱愛。

◆**江含徵③評點**：昔賢原謂盡則安能，但身到處莫放過耳。

以前的賢者原本認為要遍覽山水是不可能的，但求不要放過親身前往的地方罷了。

◆**孫松坪④評點**：吾鄉李長蘅先生⑤，愛湖上諸山，有「每個峰頭住一年⑥」之句。然則黃九煙先生所云猶恨其少。

家鄉的李長蘅先生喜愛西湖上的群山，「每個峰頭住一年」，有句詩是這麼說的。黃九煙先生曾說「人生要活到三百歲」，看來還是不夠啊。

白話翻譯

以前的人想要花十年讀書，花十年遊山玩水，花十年點閱藏書。我說，點閱藏書不必花上十年，只需兩三年就夠了。可像是讀書和遊山玩水，就算多花上幾倍的時間，恐怕也不足以了卻心願，必得像黃九煙前輩所說的「人生要活到三百歲」，才行吧？

賞析

古人所說的「十年讀書，十年遊山，十年檢藏」，應該是一種自我期許，希望能找到空閒的時間，把一直想做卻沒空去做的事情給完成，而不是眞的得花費這麼長的時間去做——就如張潮所說的，檢閱藏書不需要這麼久。

讀書、檢藏與遊覽山水，前者是靜態的活動，後兩者算是動態的身體活動。對工作忙碌、資訊接收便利的現代人來說，時間變得越來越有限而零碎了，每個人的時時刻刻日日月月積累而成歲歲年年，看似天長地久，實則擁有的只有當下。不妨放開心情，把生活中看似帶給我們的諸多限制，化作不一樣的人生進行式動力——每天讀十分鐘的書，每個星期整理收拾一部分的家當，每個月來一趟結廬在人境的小旅遊，如何？

寧為小人之所罵

寧為小人之所罵，毋為君子之所鄙；寧為盲主司1之所擯棄2，毋為諸名宿3之所不知。

1 盲主司：沒有辨識人才能力的（科舉考試）主考官。
2 擯棄：排斥、丟棄，此指不被選中。擯，讀作「賓」的四聲。
3 名宿：有名望的博學之士。
4 陳康疇：本名陳均，字康疇（疇讀作「愁」），清代安徽歙縣（歙在此讀作「社」）人。著有《畫眉筆談》。
5 江含徵：本名江之蘭，其人介紹請見本書〈編者導讀〉文章。
6 雞肋不足以安尊拳：意思是說，我這雞肋般瘦小的身軀，不值得安放您的拳頭。典出《晉書・劉伶傳》：「嘗醉與俗人相忤，其人攘袂奮拳而往。伶徐曰：『雞肋不足以安尊拳。』其人笑而止。」（劉伶曾在喝醉後與一名粗俗之人意見不合，那人挽起衣袖就要揮拳而去。劉伶緩緩地說：「我這雞肋般瘦小的身軀，不值得安放您的拳頭。」那人便笑著作罷。）

白話翻譯

寧願被小人所罵，也不要讓君子瞧不起我；寧可被不識人才的主考官捨棄，也不要飽學的名人不認識我。

◆**陳康疇4評點**：世之人自今以後，慎毋罵心齋也。

世上的人從今以後，要小心了，別罵心齋。

◆**江含徵5評點**：不獨罵也，即打亦無妨，但恐雞肋不足以安尊拳6耳。

不只是罵而已，就算被小人打也不礙事，只怕我身形太過瘦小不夠讓他安放拳頭罷了。

賞析

小人的價值觀與君子的道德觀截然不同，小人對於名利權勢有很大的慾望，所以為了取得權勢往往不擇手段，不僅阿諛諂媚權貴，且會傷害算計妨害他們利益的人。君子則至少以「**貧而無諂，富而無驕**」為自我期許，他們把名利權勢與個人榮辱看得很低，重視道德生命的實踐，不因外在環境的貧富而輕易改變自己的心志。如果一個人受到了小人的讚揚，代表他的行為與價值觀受到小人的肯定，這樣的人無異於和小人是同類人、同路人，反之亦然。是以，張潮在這裡期許所有的人，做為一個人，寧願不被小人讚揚，而是被小人所罵，這樣才不會讓君子看不起——我們當然要向象徵德行高標的君子學習，而不要向道德淪落的低標小人看齊。

至於科舉考試如何評定文章的優劣，全憑主考官主觀的評斷，並沒有一個客觀評選的標準制度，這時就得看主考官能否慧眼識英雄了。但若運氣不好，遇到一個不稱職或者不學無術的主考官時，即便考生再有才學，也可能名落孫山。然而一個具有眞才實學的人，是不可能被埋沒的，即便時運不濟遇不到能辨識人才的主考官，但只要不斷努力創作，文才文采總是能夠被看見，進一步為那些在文壇頗有名望的人所青睞。張潮認為，如果連被飽學之士認可的才華都沒有，那麼說明此人並無眞才實學，反而比名落孫山還要糟糕。

這則小品文是張潮的價值觀感，也是他對自己的期許。

傲骨不可無

傲骨不可無，傲心不可有。無傲骨則近於鄙夫，有傲心不得為君子。

1吳街南：本名吳肅公（一六二六年至一六九九年），字雨若，號晴岩，一號逸鴻，別號街南，清初安徽宣城人。明末諸生，滿清入主中原後，不入朝為官，改以賣字與行醫為生，晚年多病。著有《明語林》、《雲間雜記》、《街南文集》等書。

2石天外：本名石龐（一六七一年至一七〇三年），字天外，號晦村學人，又號天外生。清代太湖（今屬安徽）人。在文學上頗有造詣，尤長於戲曲，著有傳奇《因緣夢》、《後西廂》等等。

白話翻譯

爲人要有高傲不屈的氣骨，不可有傲慢的心思。沒有高傲不屈的氣骨就近乎卑劣的懦夫了，而有傲慢的心思就當不成品行高尚的人。

◆**吳街南 1 評點**：立君子之側，骨亦不可傲；當鄙夫之前，心亦不可不傲。

站在品德高潔的人身旁，氣骨也不可高傲；在卑劣的懦夫面前，心志也不可不驕傲。

◆**石天外 2 評點**：道學之言，才人之筆。

道學家的言論，讓才子的文筆給寫出來了。

賞析

張潮待人處世的標準，還是與儒家比較相近的，他也總是以君子的品德來自我期許。

他認爲一個人遇到生死存亡境遇的時候，仍要堅定自己的立場與風骨，不可爲了生存就向權貴或惡霸低頭，倘若如此，可就是卑劣的懦夫了，連自己都會瞧不起自己。

而平常待人處世時，遇到才能或家境不如己的人時，則不可生出高人一等的傲慢心思，若然如此，就表示不懂得憐憫弱小，也不會去幫助比自己差的人，只會自以爲了不起，覺得別人都應該要巴結奉承自己——不懂得謙和待人的人，終究會招致禍患，甚至失去性命。懂得謙卑，了解自己仍有許多不足之處，待人以誠以善，才是才德兼備的眞君子。

蟬為蟲中之夷齊

蟬為蟲中之夷齊1，蜂為蟲中之管晏2。

1夷齊：指伯夷和叔齊。伯夷，名元，字公信，商朝末年孤竹國孤竹君的長子。叔齊，名智，字公達，是伯夷之弟。孤竹君原本立叔齊為太子，叔齊讓位給伯夷，伯夷推辭不接受，後人認為他不貪慕權位，品德高尚。兩人因不願登基為王，先後逃往了另一諸侯國周國；後來勸諫阻止周武王討伐商紂，可武王不聽從。商朝滅亡後，他們因不恥食周朝的米糧，便隱居於首陽山，最終餓死。

2管晏：指管仲和晏嬰。管仲，原名管夷吾（西元前七二五年至六四五年），仲是他的字，春秋齊國潁上（今安徽省阜陽市）人。年幼家貧，和鮑叔牙是知己好友。管仲起初輔佐公子糾，後來鮑叔牙輔佐公子小白即位，是為齊桓公。管仲還曾射殺齊桓公，但事沒有成，後來透過鮑叔牙舉薦，齊桓公不計前嫌地任用他為宰相。管仲佐國有方，助齊桓公成為春秋第一霸主，齊桓公甚至尊稱他「仲父」（父讀作「府」），知道完全可以將國家交託給他。晏嬰，字仲（西元前五七八年至五〇〇年），諡號平，春秋時代齊國人。史稱晏平仲，後人尊稱他為晏子。侍奉齊靈公、莊公、景公三任君主，時常勸諫國君，在外交上也很有手腕。為人節儉，在齊國出仕期間，很少吃肉，妻妾也不穿以上好布料縫製的衣服，舉擢並愛惜人才，深受全國上下愛戴。

3崔青峙：本名崔岱齊，字青峙，號天門，平山（今屬河北）人。康熙年間貢生，歷任刑部江南司部、湖南長沙知府，著有《坐嘯詩草》、《驪珠集》等書。

4董狐：春秋時代晉國史官，生卒年不詳，是為周朝太史辛有的後人，由此世襲了官職，亦被稱為史狐。當時，晉靈公荒淫無道，卿大夫趙盾屢次勸諫，靈公都不肯聽從，反而想要殺

◆崔青峙3評點：心齋可謂蟲之董狐4。

心齋可說是昆蟲中直白敢言的董狐。

◆吳鏡秋5評點：蚊是蟲中酷吏，蠅是蟲中遊客。

蚊子是昆蟲中的嚴酷官吏，蒼蠅是昆蟲中的攀權小人。

他，趙盾於是逃到國外。後來其族人趙穿殺了靈公，趙盾這才回到晉國，卻未討伐趙穿。董狐便在史書上寫：「趙盾殺了他的國君。」孔子稱讚：「董狐，是古代的好史官，不隱瞞趙盾的過失。」

5吳鏡秋：本名吳雯炯，字鏡秋，號葛巾老人，清代安徽歙縣（歙在此讀作「社」）人，居江西南昌。著有《香草詞》、《笙山草堂詩》等書。

白話翻譯

蟬，是昆蟲中的伯夷、叔齊；蜜蜂，是昆蟲中的管仲、晏嬰。

賞析

伯夷和叔齊是有志節隱士的表率，他們是商代末年孤竹國國君的兩個兒子。孤竹君要將王位傳給較幼的叔齊，叔齊認爲應該遵從立長不立幼的宗法倫理，於是將王位讓給了兄長伯夷；伯夷認爲這樣做違背了父親的意願，是不孝順，所以不肯接受。兩人於是離開孤竹國，聽聞周國的西伯侯姬昌很賢良，便前往投靠。等到西伯侯的兒子姬發即位，見商紂王暴虐無道而想要起兵討伐，伯夷和叔齊都認爲姬發不過是商朝的藩屬國君主，不該起兵攻打君主國，認爲有違君臣之道，姬發不聽勸阻，執意發兵攻打。等到商朝被周武王姬發給滅了以後，伯夷和叔齊爲了表明如一的心志，便不吃周朝的米糧，去了首陽山隱居，以樹皮、野菜爲食。張潮將蟬比作伯夷和叔齊，大概是因爲蟬住在樹木的高枝上，僅以吸食植物根部汁液與林間露水爲生，兩人就像蟬一樣，心性高潔，堅守其道。

管仲和晏嬰則是春秋時代賢臣的表率，他們都是輔佐齊國國君的良相，除了行事靈活，充滿智慧與謀略，也都一直殫精竭慮地勤於國事，爲國奔忙，其鞠躬盡瘁與蜜蜂的辛勤採蜜頗似，張潮因而以蜜蜂比作管仲和晏嬰。

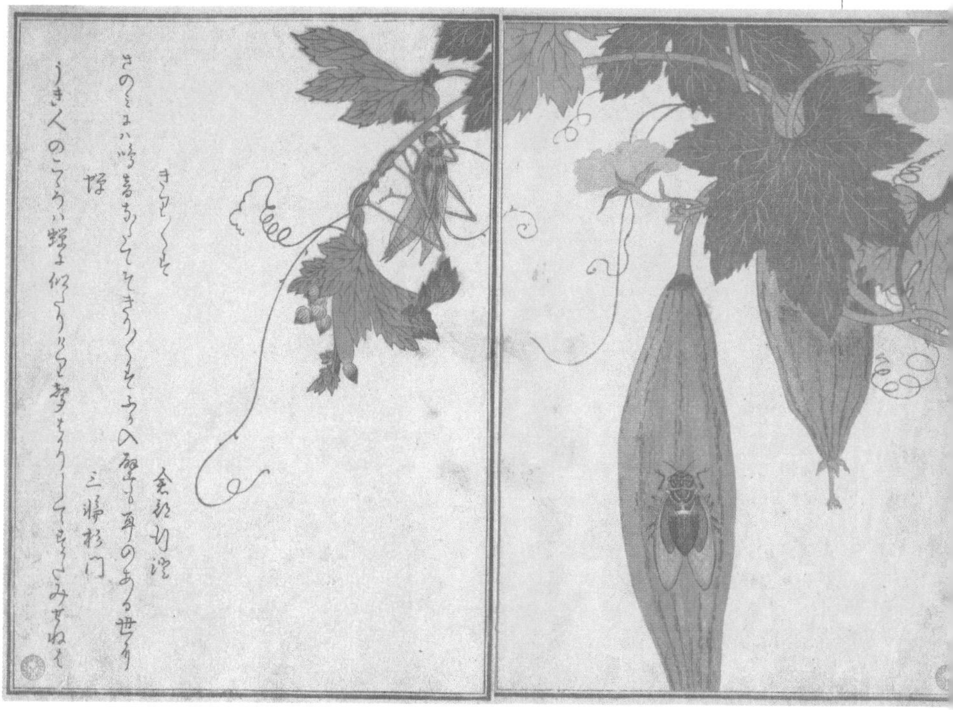

曰癡

曰癡、曰愚、曰拙、曰狂，皆非好字面，而人每樂居之；曰奸[1]、曰黠[2]、曰強[3]、曰佞[4]，反是，而人每不樂居之。何也？

1奸：這個字當動詞用時主要有兩個意思，一個是求見、求取。《漢書・卷八十一・孔光傳》：「以為章主之過，以奸忠直，人臣大罪也。」（以為彰顯君主的過錯，以此求取忠心耿直之名，這是人臣的大罪過。）奸，另一個意思是冒犯。

2黠：讀作「霞」。這個字主要有兩個意思，一個是聰慧，機智靈敏，另一個是狡猾、奸詐。

3強：這個字用作好的意思，有：強健壯碩、孔武有力；剛毅、堅毅；奮發、上進；優勝、優越等；此時讀作「牆」。用作不好的意思，有：殘暴凶惡（讀作「牆」）；被逼迫去做某事（讀作「搶」）；固執、任性、不服從等（讀作「醬」）。

4佞：讀作「寧」的四聲。這個字用作好的意思，有才能之意，常用來自謙，古人常說自己「不佞」。用作不好的意思，有：花言巧語、諂媚；迷惑、困惑；沉迷或迷戀於某些人事物。

5江含徵：本名江之蘭，其人介紹請見本書〈編者導讀〉文章。

白話翻譯

說癡、說愚、說拙、說狂，這些都不是好字眼，但人往往樂於收下；說奸、說黠、說強、說佞，人的情況卻相反，往往不喜於接受。這是爲什麼呢？

◆**江含徵**[5]**評點**：有其名者無其實，有其實者避其名。

這是因為，有這等名聲之人實際上非真君子，而實際上是真小人者自會逃避這種名聲。

賞析

有些字的意思原本是好的，但發展到後來卻變成了不好的意思，像是「強」這個字，它有剛毅、堅強的正面意義，有時又用作負面的意思如恃強凌弱、殘暴凶惡。

文字的使用，原本就是約定俗成的，最初並沒有特定要指涉何種對象、表達何種意義，只是因爲人們互相約定要用某個字去指涉某件事情，或表達某個意義。像是「花」，之所以用來指涉一種外表鮮豔美麗且有香味的植物，是經過大家互相約定而成，最初當然不一定要用這個字，也可以用「樹」這個字；而約定好了以後，就必須一直使用這個字，否則人們會對這個字所指涉的對象產生混淆。然而，文字的使用也可能會因時代變遷而產生改變，最初的意思是正面的，發展到後來卻變成負面的意思，反之亦然。像是「乖」這個字，其字形在小篆中象徵的是兩個人背對背站立，表示違背、不合之意。但到了現在，卻用來表達順從、乖巧的意思，與原先的字意完全相反。

因此，張潮在這裡發出的感慨，大抵也與字意的變遷有關。像是「佞」這個字，本指對自己才能的自謙之詞，即「鄙人不才」之意；然而時至今日，現代人已不再用這個字眼來自謙了，因爲它後來演變成了奸佞、諂媚的負面意思。

不過，張潮所舉的實例似乎別有含義，他話裡有話，評點家江含徵則將張潮的微言點明了出來——癡愚拙狂，這些字眼給人的感覺很有老莊氣息很出世，寓有並未太執著於世間的人事物意味，是以人們頗喜讓這些字眼來評價自己是個離君子不遠的人，可矛盾的是，君子一直致力於人格上的追求與實踐，心態與作爲其實是相當入世的。再提到奸黠強佞，這幾個字發展到後來全都帶有極強烈的負面意味，字意是板上釘釘、毫無想像空間的，因而坐實或說坐擁了這些行爲特質的人，任誰都會本能地想要閃躲，以免被識破？

唐虞之際

唐虞之際[1]，音樂可感鳥獸[2]。此蓋唐虞之鳥獸，故可感耳。若後世之鳥獸，恐未必然。

1 唐虞之際：分指唐堯和虞舜所統治的上古時期，這是古人心中的太平盛世，後世亦以此代稱太平盛世。

2 音樂可感鳥獸：堯舜時期有個叫夔（讀作「葵」）的樂官，負責掌理音樂之事，他演奏時的樂音能感動鳥獸，讓牠們前來相應和。

3 洪去蕪：本名洪嘉植，字去蕪，號秋士，清代安徽歙縣（歙在此讀作「社」）人。著有《大蔭堂集》。

4 陳康疇：本名陳均，字康疇（疇讀作「愁」），清代安徽歙縣人。著有《畫眉筆談》。

白話翻譯

在唐堯和虞舜統治的時期，音樂能感動鳥獸。這大概是因爲堯舜時期是爲上古的太平盛世，所以鳥獸有感受音樂的能力，如果是後世的鳥獸恐怕就不一定了。

◆**洪去蕪**[3]**評點**：然則鳥獸亦隨世道為升降耶？

難道，鳥獸的品行也會隨世道的盛衰而有所高低升降嗎？

◆**陳康疇**[4]**評點**：後世之鳥獸，應是後世之人所化身，即不無升降，正未可知。

後世的鳥獸應該是後世之人的化身，即使沒有世道的興衰變遷，牠們也不一定會被音樂打動。

賞析

鳥獸是祥瑞的象徵，尤其是鳳凰、麒麟、龍這一類的神獸，牠們只有在太平盛世的時候才會出現，以此象徵當時君王品德高潔、仁厚愛民。唐堯和虞舜是三皇五帝之一，也是古人心中的明君。孔子處於禮崩樂壞的年代，時常感嘆當代人道德淪喪，還一直以堯舜時期的政治爲治世的標準。張潮說，堯舜時期的音樂能感動鳥獸，這句話要表達的意思是，堯舜勤政愛民，德行崇高足以感動天地，連鳥獸都仰慕這種高尚的節操，所以當有音樂演奏時，鳥獸無不紛紛前來應和。

張潮生在明末清初之際，那是個戰亂動盪的年代，世人爾虞我詐，自私自利，有些漢人爲了享有權勢富貴，不惜投靠滿清朝廷。人們道德淪喪，象徵著祥瑞與君王品德的鳥獸，自然不會前來應和。是以，這則小品文想要表達的，不是在什麼特定的年代才會有鳥獸被音樂給打動，而是想要譏諷今人無論在政治上或是人的德行品格上，都遠遠不如堯舜聖人所統治的年代，諷刺人們爲了追名逐利不擇手段，諂媚巴結達官權貴至無可復加的地步。

痛可忍

痛可忍，而癢不可忍；苦可耐，而酸不可耐。

1 張竹坡：本名張道深，其人介紹請見本書〈編者導讀〉文章。
2 釋牧堂：生平不詳。

白話翻譯

疼痛能忍，癢感卻難以忍受；苦味能耐，酸味卻耐受不住。

賞析

「**痛可忍，而癢不可忍**」，講的是生理上的痛感，轉而成心理上的癢感。一般而言，生理上的疼痛如果情況不太嚴重，通常都覺得還可以忍受，而這是相對於皮膚的癢感來說的。癢，之所以令人難以忍受，原因是我們會想要去撓抓癢的部位，如果癢是由濕疹

◆**張竹坡**1 **評點**：是痛、癢關心語。

痛、癢，都和心理的承受度有關。

◆**釋牧堂**2 **評點**：若知痛癢、辨苦酸，便是居士悟處。

如果知道痛和癢，能夠分辨苦和酸，就是在家修習佛道之人的開悟之處了。

這類皮膚疾病所引起，那麼撓抓不但無法止癢，反而會越抓越癢，甚至讓皮膚破皮流血。是以，張潮說，癢帶來的心理上的痛苦，比生理上的疼痛更甚，也往往更難以忍受。

「**苦可耐，而酸不可耐**」，講的是生理面的味覺感受。苦味令人討厭，但有的時候微苦反而能增添食品風味；像是咖啡和巧克力，這兩種食品經過加工研磨後香味更甚，本身雖然帶點苦味，卻不會令人產生反感，反而令食物更加美味可口。而帶有酸味卻令人喜愛的食物也不少，像是梅子、醋、檸檬等等，但是這些食物需要搭配糖來食用，才會讓人覺得可以接受，否則只有極度的酸而無其他味道，是令人難以耐受的，勉強食用甚至對身體有害。

然而，張潮在《幽夢影》這部書裡使用的一貫手法是，如所要說的主題與實際的人事物無關，在抽象事物的經營上他總是話中有話，因此這句話的意思或許也能解讀成——命運安排的苦楚或可忍耐，可是一路上的辛苦如果遭人誤解或不理解，這份辛酸是很難承接並忍耐下來的。

鏡中之影

鏡中之影，著色人物①也；月下之影，寫意②人物也。鏡中之影，鉤邊畫③也；月下之影，沒骨畫④也。月中山河之影，天文中地理也；水中星月之象，地理中天文也。

1著色人物：塗上顏色的人物畫。
2寫意：國畫技法中的一種。不講究鉅細靡遺地把細節呈現出來，而以簡練的筆法勾勒出物體的氣韻神態，以表達作者的意趣，多以水墨畫，不著色。
3鉤邊畫：國畫技法中的一種。用線條勾勒出物體的輪廓。
4沒骨畫：國畫技法中的一種。不用筆墨勾勒出對象的輪廓，而直接用彩色畫出物像，類似現今的水彩畫。沒，在此讀作「莫」。
5石天外：本名石龐（一六七一年至一七〇三年），字天外，號晦村學人，又號天外生。清代太湖（今屬安徽）人。在文學上頗有造詣，尤長於戲曲，著有傳奇《因緣夢》、《後西廂》等等。
6沈契掌：本名沈思倫，字契掌，號閑吾子，安徽池州人。

◆**石天外⑤評點**：此種著色寫意，能令古今善畫人一齊擱筆。

此番上色寫意之言，直讓古往今來善於作畫的人都乾脆擱下了畫筆。

◆**沈契掌⑥評點**：好影子俱被心齋先生畫著。

美好的形影都讓心齋先生給畫下來了。

白話翻譯

鏡子裡的人影，是著色的人物畫；月光下的人影，是寫意的人物畫。鏡子裡的人影，是鉤邊的人物畫；月光下的人影，是沒骨的人物畫。月亮中呈現出的山河形貌，是天文中的地理；水中的星星月亮投影，是地理中的天文。

賞析

鏡子和月光有著相似之處，鏡子可以映照出人的容貌，而在月光下的倒影則呈現出一種朦朧的美感，張潮在此以鏡子和月光做爲對比，並且以繪畫技法來比喻，可謂非常傳神，以此說明這兩種映照所呈現出的不同美感體驗。

當人攬鏡自照時，能夠看到人的色彩形貌，就如同著上了顏色的人物畫那般；在月光的映照下看到自己的倒影，只見輪廓姿態，無法看清細節的微妙之處。古代的鏡子是銅鏡，無法像現今的鏡子清晰映照出人的五官容貌，但依然能看見色彩，所以才會說，像是先以線條勾勒出輪廓、再塗上色彩的鉤邊畫；而月光下的倒影，由於天色昏暗，只剩下輪廓可辨，像似以水墨畫成的沒骨畫。

當人抬頭賞月時，可看到月亮中有些陰影，看起來就像月亮映照出了地表的山水形貌，所以說是天文中的地理景觀；而當人低頭觀看水中月亮與星辰的倒影時，又宛如天上的星辰在水裡一般，所以說是地理中的天文。

能讀無字之書

能讀無字之書，方可得驚人妙句；能會難通之解，方可參最上禪機。

1黃交三：本名黃泰來，字交三，一字竹舫，號石閭。江蘇泰州（今江蘇東臺）人，曾跟隨孔尚任到北京做過幕僚。

白話翻譯

能讀懂沒有字的書，才能寫出令人讚嘆的絕妙佳句；能領悟難以理解的陳述，才能夠參透最上乘的佛教哲理。

賞析

這裡說的無字之書，指的是大自然的景致以及生活經驗等人生感悟，閱讀書籍固然能增廣見聞，但那些畢竟是前人的生活體驗並不是自己的，只有自己眞正深切地去體驗，才能寫出蘊含眞情實感的動人篇章來。正所謂「筆

◆**黃交三**[1]**評點**：山老之學，從悟而入，故常有徹天徹地之言。

山老的學問，從領悟著眼，所以經常有通徹天地的言論。

落驚風雨，詩成泣鬼神。」（唐代杜甫〈寄李太白二十韻〉），若文章缺少作者對於自身遭遇與所見聞事物的領悟，是無法寫出曠古絕今作品來的。

對於佛學深奧的禪理，想要從經籍中學習其中奧妙，是需要一點悟性的，這除了天賦之外，還要有當此之時足夠的人生體悟，才能明白深奧的禪機玄理。

無論是對於生活的領略，或是對於禪機玄理的體悟，無不需要悟性，而悟性，是可以透過後天培養來增長的。除了多閱讀書籍以訓練自己的思考能力之外，還需要深切地去體驗生活，遊山玩水或細細觀察身邊的人事物，都能增加我們的領悟能力。

若無詩酒

若無詩酒，則山水為具文；若無佳麗，則花月皆虛設。

白話翻譯

如果沒有詩歌與美酒，那麼山水只是徒具形式的虛文；如果沒有美女，那麼花朵與明月都是擺設罷了。

賞析

張潮在此將山水景色理解爲形式，詩歌與美酒則賦予了山水景色眞實的精神意涵——山水如果沒有詩人的歌詠，那麼它就只是自然的景致罷了，因爲詩歌不僅蘊含了詩人的個人體悟，也賦予了山水靈魂。美酒則是引發寫作靈感的泉源，沒有美酒，詩人就無法寫出好詩；沒有好詩，那麼山水就只是徒具形式的存在。對於張潮來說，山水、美酒、詩歌是互爲因果關係的。

◆**卓子任評點**：詩人酒客，以及佳麗，乃山川靈秀之氣孕育而成者。

詩人和酒客，還有美女，都是山川靈秀的氣韻所孕育而成的。

張潮還認爲，花朵與月亮是因爲有美女與它們相互輝映，才有了靈魂與意義；如果沒有美女，那麼花月也就黯然失色。這是因爲古人多將美女比喻爲花容月貌，以花和月來形容美女，如果沒有美女做爲比喻的內容，那麼花和月便只是空洞的形式罷了。

類似的觀點，張潮也曾在第十一則〈賞花宜對佳人〉、第四十則〈因雪想高士〉、第一百六十二則小品〈有青山方有綠水〉提及，不妨前往一觀，互相參照。

才子而美姿容

才子而美姿容，佳人而工著作，斷不能永年者。匪獨為造物之所忌，蓋此種原不獨為一時之寶，乃古今萬世之寶，故不欲久留人世，以取褻[1]耳。

1 取褻：招致褻瀆。
2 鄭破水：本名鄭晉德，字破水，清代安徽歙縣（歙在此讀作「社」）人，著有《三友棋譜》。
3 王司直：本名王臬（臬讀作「孽」），字司直，清代秀水（今浙江嘉興）人，擅長詩畫，曾與手足王概、王著（著讀作「詩」）合編《芥子園畫譜》。

白話翻譯

有才華又長得俊美的男子，長得美麗又擅長寫作的美女，之所以不能壽終正寢，並不只是因爲被造物者所妒忌。是因爲這樣的人不只是某個時代的珍寶，而是古往今來萬代的珍寶，所以造物者不想讓他們長久留在人間，以免遭到塵世的褻瀆。

◆**鄭破水**[2]**評點**：千古傷心，同聲一哭。

這些自古以來的傷心事，令人不禁一起為他們痛哭。

◆**王司直**[3]**評點**：千古傷心者，讀此可以不哭矣。

自古以來的傷心人，讀到這些話可以不用再哭泣了。

賞析

才貌雙全，一向是世人心目中對理想人物的評定標準，然而在世間，這樣的人往往命途多舛，難以壽終正寢。張潮提出導致才子佳人無法壽終正寢的理由，大致上可以分為三點——

第一，被造物者妒忌。這種說法並沒有根據，因為所謂的「造物者」，在中國來說是「天」，在西方來說是「上帝」。無論是天或是上帝，都不是透過人的感官經驗所能認識到的對象，所以這種說法，只是出於人對於美好人事物無法長久存在而感到惋惜，所提出的一種自我安慰的解釋。

第二，被世人妒忌。人往往會有嫉妒心，特別是看到別人比自己還要好的時候，就會有這樣的心理。這是因為每個人都希望自己是完美無缺的，而事實往往與理想相反，當人認識到自己的缺點時，就會希望別人也和自己一樣是有缺點的，甚至希望對方不如自己。因此，在看到對方比自己好的時候，心中就會感到妒忌，進而欺侮對方，以平衡自己心中的不滿與怨懟。

第三，造物者的安排。按照張潮的理解，才子佳人原本就非世間的凡夫俗子，他們是宛如仙人一般的存在。造物者認為他們不屬於一時一地，而是永世的珍寶，所以不讓他們久留人間，以免因世人的嫉妒之心而受欺侮。

陳平封曲逆侯

陳平1封曲逆2侯，《史》、《漢》3注皆云「音去遇4」。予謂此是北人土音耳。若南人四音俱全，似仍當讀作本音為是。（北人於唱「曲」之「曲」，亦讀如「去」字）。

1陳平：生年不詳，卒於西元前一七八年，漢初陽武（今河南省陽武縣東南）人。年幼時喜好讀書，容貌俊美，足智多謀。曾侍奉魏王、項羽，可是沒有受到重用，後投靠漢高祖劉邦，屢出奇策而建立功勛。惠帝時，官至左丞相。卒諡獻。

2曲逆：古地名，戰國時期燕城之所在，在今河北順平東南，因曲逆水（河）而得名。

3《史記》、《漢書》：《史記》是漢代司馬遷所撰，是中國第一部紀傳體的史書。《漢書》是東漢班固所撰，是中國第一部斷代史。

4音去遇：這是古代標音的方式，稱之為反切。《教育部國語辭典》解釋：「用二字以求一字之音，上字與所切之字雙聲，下字與所切之字疊韻；上字以定清濁，下字以定平上去入：如「東，德紅切」、「反，甫晚切」。所謂「雙聲」是指聲符相同，聲母就是標音字母上面的那個音符，例如ㄈㄢˇ，ㄈ是聲母，ㄢ是韻母。兩個字聲母相同，稱為雙聲，例如跌倒ㄉㄧㄝˊ ㄉㄠˇ，就是雙聲，聲母相同。

對於韻母，《教育部國語辭典》解釋：「漢語字音中，除去聲母、聲調後所剩的部分，可分成韻頭（介音）、韻腹和韻尾三部分。」以跌ㄉㄧㄝˊ字為例，ㄝ就是韻母。疊韻，就是兩個字韻母相同，例如：荒唐ㄏㄨㄤ ㄊㄤˊ，韻母皆為ㄤ，即是疊韻。

古人無注音符號，標音方法即是反切，現代以注音舉例讓大家比較能夠明白。然而，古代的反切標音方法，到現今可能不適用，這是因為語音變遷所致，語音會因為時代與環境的改變

◆**孫松坪5評點**：曲逆，今完縣也。眾水瀠洄，勢曲而流逆。予嘗為土人訂之。心齋重發吾覆6矣。

曲逆，是現今的完縣。各條水流都在此迴旋，地勢曲折而河水逆流。我曾經為當地的居民考訂過具體位置。心齋此文重新釐清了我的疑惑。

而有所不同，古代的音讀與現今也並不完全一致，這也是現代人沒有再繼續用反切標音的原因之一。

5孫松坪：本名孫致彌，字愷似，號松坪，又號杕左堂。江南蘇州府嘉定縣人。生卒年不詳，約康熙年間在世。康熙廿七年（一六八八年）進士，官至侍讀學士。著有《杕左堂集》、《杕左堂續集》和《杕左堂詞》（杕，在此讀作「第」，樹木孤高而立的樣子）。

6發吾覆：即發覆，指剷除遮蔽，揭露真相。典故出自《莊子．田子方》：「微夫子之發吾覆也，吾不知天地之大全也。」（多虧了夫子替我掃除障礙揭露真相，否則的話，我不知天地的全貌。）

白話翻譯

陳平被封爲曲逆侯，曲逆二字，《史記》、《漢書》都注解爲「音去遇」，我認爲這是北方方言所致。如果是南方方言，四聲俱全，似仍應讀作原本的入聲才是。（北方人把唱曲的「曲」，也讀成了「去」。）

賞析

語言的音讀不僅會隨著時間的變遷而有所改變，也會隨著地域性而有所不同。「曲」這個字，在南方是入聲字，但在北方就變成了去聲字；張潮認爲，這是因爲南方的方言平上去入四個聲調都具備，而北方方言則沒有入聲字，所以用相近的去聲字代替。

這種語音的現象也反映在南曲與北曲的創作中，南曲的入聲是獨立的，自成一個韻部；

北曲因爲沒有入聲字，所以將入聲字分別派入平上去三個聲調之中，形成了「入聲作平聲」、「入聲作上聲」、「入聲作去聲」的情況，在聲韻學中有個術語稱這種現象爲「入派三聲」。在元代周德清所編的韻書《中原音韻》中，就將中古音的入聲字分別派入三聲之中，這是由於入聲字在時代的發展變遷中逐漸消失，所以會有原本讀作入聲的字被讀作去聲字的情況；從語音的音讀，亦可看出古代語言的發展與改變。

音讀之所以產生改變，除了時代的變遷之外，還有南北地域上的差異也會對音讀產生影響。就聲韻學的觀點來說，語言的音讀本來就沒有是非對錯的問題，只要當其時的眾人約定俗成即可，讀古書時便不必拘泥於音讀的正確與否。

古人四聲俱備

古人四聲俱備，如「六」、「國」二字皆入聲也。今梨園演蘇秦[1]劇，必讀「六」為「溜」，讀「國」為「鬼」，從無讀入聲者。然考之《詩經》[2]，如「良馬六之[3]」、「無衣六兮[4]」之類，皆不與去聲叶[5]，而叶「祝」「告」「燠」；「國」字皆不與上聲叶，而叶入「陌」「質」韻，則是古人似亦有入聲，未必盡讀「六」為「溜」，讀「國」為「鬼」也。

1 蘇秦：生年不詳，卒於西元前三一七年，字季子，戰國時期東周洛陽人。師事鬼谷子，與張儀是同窗。早年窮困潦倒，返鄉後被家人譏笑，後來遊說六國國君，以「合縱」策略得到六國的認可，後佩六國相印，為合縱聯盟之主，使秦國不敢出兵秦關長達十五年之久。古代有很多搬演蘇秦這些經歷的戲劇。

2《詩經》：中國最早的詩歌總集。是周王朝到春秋中葉五百年間的詩歌作品，共三百零五篇，分為風、雅、頌三大類。風，是國風，採集自民間的歌謠，或為情歌，或為諷刺為政者的歌謠，風格俚俗。雅，分為大雅與小雅，是天子諸侯朝會宴饗的詩歌。頌，是祭祀時用的讚歌。

3 良馬六之：典出《詩經・鄘風・干旄》：「孑孑干旌，在浚之城。素絲祝之，良馬六之。彼姝者子，何以告之？」（美麗的羽毛在旗桿上飄揚，人和馬來到了浚城裡。素絲織成的流蘇隨風飄揚，六匹駿馬駕車而行。這位美麗的貴婦，我要對她說什麼才好？」）這裡的「六」，與「祝」、「告」二字押韻。

4 無衣六兮：指春秋時期的晉武公向周釐王請求封爵之意。典出《詩經・唐風・無衣》：

◆**弟木山**[6] **評點**：梨園演蘇秦，原不盡讀「六國」為「溜鬼」，大抵以曲調為別。若曲是南調，則仍讀入聲也。

戲班子搬演《蘇秦相六國》的劇目，原本也不是將「六國」全部都讀作「溜鬼」，大致上還是以曲調來區分的。如果曲子是南調，那麼仍然讀作入聲字。

「豈曰無衣六兮？不如子之衣，安且燠兮！」（我難道沒有六命（六命之卿，即上大夫）之服可以穿嗎？還不如周天子所賜的衣服穿起來安適而保暖。）這裡的「六」，與「燠」押韻。

5叶：同今「協」字，是協的異體字。這裡是協韻、押韻的意思。

6弟木山：張潮的弟弟張漸，字木山，曾參與《昭代叢書》的編纂工作。

白話翻譯

在古代，平、上、去、入四聲都很完備，如「六」、「國」這兩個字，都是入聲字。現今的戲班演《蘇秦相六國》的劇目，一定把「六」讀作「溜」，把「國」讀作「鬼」，從未把這兩個字讀作入聲字。然而考證《詩經》的用法，如「良馬六之」、「無衣六兮」之類，都不和去聲字押韻，而與入聲字「祝」、「告」、「燠」押韻；「國」字皆不與上聲押韻，而和入聲的「陌」韻部、「質」韻部押韻。由此觀之，古人似乎也有入聲字，不一定都將「六」讀作「溜」、將「國」讀作「鬼」也。

賞析

這則小品文接續了上一則「入派三聲」的聲韻學論述，張潮繼續闡述其見解。他說，在他所處的年代裡，入聲字已經很少見，但是他考證《詩經》後發現古代是有入聲字的。簡言之，清代的入聲字韻部所收的字已經變得很少了，大部分都已經被分派到平、上、去三個聲調當中去了。

閒人之硯

閒人之硯，固欲其佳；而忙人之硯，尤不可不佳。娛情之妾，固欲其美；而廣嗣[1]之妾，亦不可不美。

1廣嗣：多生育孩子。《後漢書・卷三十下・郎顗傳》：「方今之福，莫若廣嗣，廣嗣之術，可不深思？」（現在最大的福氣，就是多生育孩子，生育孩子的方法豈可不細細思量？）

2江含徵：本名江之蘭，其人介紹請見本書〈編者導讀〉文章。

3張竹坡：本名張道深，其人介紹請見本書〈編者導讀〉文章。

白話翻譯

悠閒之人想要有上好的硯臺自不在話下，然而忙碌之人的硯臺更應特別選擇上品。為了讓心情愉悅而討的妾，想要她容貌美自不在話下，然而討來繁衍子嗣的妾也不能不美。

◆**江含徵**[2] **評點**：硯美下墨可也，妾美招妒奈何？

一方好硯用以磨墨自當可以，貌美妾室招來了妒忌又該如何？

◆**張竹坡**[3] **評點**：妒在妾，不在美。

妾室被妒忌是因為身分，不是因為她的美貌。

【192】開人之硯

賞析

悠閒之人的硯臺多半是拿來觀賞與收藏用的，所以要選擇特別具有藝術收藏價值的上品才行。可是對於沒有空閒品玩硯臺的忙碌之人來說，更是得選上好的硯臺，畢竟每天都要磨墨寫字，如果使用的硯臺品質太差，不僅磨出來的墨汁品質欠佳，硯臺也容易磨損而不堪使用。至於娶妾，如果是喜歡她溫柔解語的特質，那麼容貌就要選長得美麗動人的，才能討人歡心。可是，要娶來繁衍子嗣的妾室，更是不能選擇容貌太差的。

這則小品，是從「功能性」來論述硯臺與妾室的選擇，其中所蘊含的道理竟幾無二致，由此也可窺得張潮對「物品」的看法——在古代男人的心目中，女人和他們所擁有的其他物品，在本質上並沒有差別。硯臺，無論是拿來磨墨或是拿來收藏，誰都希望能選擇外觀別致、品質上好者；而女人在父權社會中，長期地被定調、被視爲男人的附屬品，功能不是繁衍子嗣就是取悅男人，由此也可看出長期以來男女之間的不平等關係。

如何是獨樂樂

如何是獨樂樂，曰鼓琴；如何是與人樂樂，曰奕棋；如何是與眾樂樂，曰馬弔①。

1馬弔：又稱葉子戲，盛行於明代萬曆以後的一種賭博遊戲，玩法與今日的麻將相似。由四十張紙牌組成，四個人一起玩，每人八張牌，剩下的牌放中間，出牌時以大打小，玩法很多。

2蔡鉉昇：本名蔡埜，字鉉昇，號甘泉，江蘇上元人。康熙卅九年（一七〇〇年）進士，著有《香草堂集》。

3王丹麓：本名王晫（一六三六年至？年，晫讀作「卓」），初名棐，字丹麓，號木庵，自號松溪子，浙江錢塘（今浙江杭州）人。明末諸生，隱居讀書，喜交友。喜刻書出版，與張潮合編《檀几叢書》。擅長寫作詩文，曾仿照《世說新語》體例寫了《今世說》。著有《遂生集》、《霞舉堂集》等書。

白話翻譯

一個人要怎麼樣獨自取樂？我的回答是彈琴；兩個人在一起怎麼樣快樂？我的回答是下棋；與眾人在一起怎麼樣快樂？我的回答是打馬弔。

◆**蔡鉉昇②評點**：獨樂樂，與人樂樂，孰樂？曰「不若與人」；與少樂樂，與眾樂樂，孰樂？曰「不若與少」。

獨自一個人的快樂，和兩個人在一起的快樂，何者更快樂？我說「兩個人在一起更快樂」；幾個人在一起的快樂，與眾人在一起的快樂，何者更快樂？我說「幾個人在一起更快樂」。

◆**王丹麓③評點**：我與蔡君異。獨畏人為鬼陣，見則必亂其局而後已。

我和蔡先生的看法不同。我就怕看到別人下圍棋，若是看到一定要擾亂棋局才肯罷手。

賞析

根據人數的多寡，有不同獲得快樂的方式——一個人獨處的時候，可以彈琴唱歌，雖然無人陪伴，也能自得其樂。兩個人作伴的時候，可以一塊兒下棋，這樣也很快樂。三個人以上共處的時候，可以打馬吊（以現今的概念來說，可能是玩桌遊，也可能是打電玩遊戲），玩起遊戲來興致高昂，也可以很快樂。

以上三種獲得快樂的方法，自是張潮的看法，饒有興味。在現今這個時代，不僅資訊多元，資源也很多，不同性格的人自有其獲得快樂的方法，如看書、種植花草、養小動物、運動等等，就看每個人如何去摸索，如何找快樂了。

不待教而為善為惡者

不待教而為善為惡者，胎生也；必待教而後為善為惡者，卵生也；偶因一事之感觸而突然為善為惡者，濕生也（如周處1、戴淵2之改過，李懷光3反叛之類）；前後判若兩截，究非一日之故者，化生4也（如唐玄宗5、衛武公6之類）。

1周處：生於二四〇年，卒於二九九年，字子隱，東吳吳晉陽羨（今江蘇省宜興縣）人，鄱陽太守之子。原本為禍鄉里，鄉中的人把他與南山的老虎、長橋的蛟，並稱為「三害」。後來他在當時名人陸雲的勸戒下改過，前往除掉了老虎和蛟，立志讀書，向學為善。後被朝廷授予御史中丞的官職，氏羌人齊萬年反叛時，他與反賊力戰而死。著有《默語》、《風土記》。謚孝侯。

2戴淵：一名儼（二七一年至三二二年），字若思，東晉廣陵（今江蘇揚州）人。年少時喜歡爭強鬥勝，時常在長江、淮河一帶打劫往來商旅。有一次他想要打劫陸機的商船，陸機見他指揮盜匪進退有度，便知道此人有領軍作戰的才能，就問他：「你有這樣的才能，甘心做個強盜嗎？」戴淵聽了很感動，淚流滿面，投靠了陸機，結為好友。後來陸機還舉薦戴淵入朝為官，擔任征西將軍。

3李懷光：生於七二九年，卒於七八五年。本姓茹，渤海郡（今吉林省敦化市）人，因戰功而被賜姓李氏，屢次晉升，多次為節度使鎮守邊疆。西元七八三年，涇原兵變爆發，唐德宗出逃奉天（今陝西乾縣）。隨後，朱泚自立為大秦皇帝，進攻奉天。唐德宗求救，李懷光等率兵馬前來，救援成功。李懷光到處說當時宰相盧杞是奸佞小人，盧杞聽說後感到心虛，害怕將李懷光久留德宗身邊會對自己不利，便想找個藉口調離他，遂建議德宗讓懷光乘勝攻打京城，德宗同意，便命李懷光率軍攻打長安。李懷光對此生心怨懟，他千里前來救駕，竟然連天子的一面都見不到。因此屯兵駐紮咸陽，故意不發

◆**龐天池7評點**：不教而為惡，教之而為不善者，畜生也。

沒有接受教化而做出惡的行為，教導之後還是做出不善的行為，是畜生。

兵，又多次上表，揭露盧杞等人罪行。德宗為了安撫李懷光，便加封他為太尉，並賜鐵券，以示信任有加。李懷光卻覺得德宗這是對他不信任，以為他想謀反，便將鐵券扔在地上，說：「聖上是懷疑我嗎？我縱然不想謀反，也是聖上所逼。」李懷光於是起兵背叛唐朝。然而懷光只是一時激忿，非真心反叛，他並未與朱泚的兵馬聯合，而是率軍回到朔方根據地河中（今山西永濟西）以自保。

4 卵生、胎生、濕生、化生：佛教認為，三界六道的有情眾生出生分為四種狀態，即——一卵生：這類的眾生是從蛋、卵等孵出，如鵝、孔雀、雞、蛇、魚、蟻等。二胎生：又作腹生，是從母胎出生的眾生，如人、象、馬、牛、豬等。三濕生：又作因緣生，是從糞便、廁所、腐肉、草叢等潮濕之地與濕氣所生，如飛蛾、蚊蟲等。四化生：不是藉由看得見的事物而出生的，換言之，不是透過現象界的事物而存在的，如諸天神、地獄眾生、餓鬼等，都是因他們過去世的業力而生。

5 唐玄宗：即李隆基（六八五年至七六二年），唐代的中興君主，也稱「唐明皇」。開創「開元之治」盛世，天寶年後，因寵愛楊貴妃，重用李林甫、楊國忠等人為宰相，京師和中原地區軍事防備空虛，西北和北方各藩鎮節度使擁兵自重，釀成安祿山叛亂，玄宗到四川避難，肅宗在靈武（今寧夏一帶）即位，尊玄宗為太上皇。

6 衛武公：春秋時期衛國君主，姬姓，名和（西元前八五二年至七五八年）。他是衛釐侯之子，衛共伯之弟，據稱他極為歹毒地殺死了哥哥共伯，自立為君；之後，他擔任衛君五十五年，勤於政事，施行良政，讓人民安居樂業。西元前七七一年，外族犬戎殺周幽王，他輔佐周平王平定了犬戎叛亂有功，被晉封為公爵。

7 龐天池：即龐筆奴，生平不詳。

白話翻譯

不須等待教化，就能分辨善惡且身體力行的，是胎生；要等待教化，才知道善惡並身體力行的，是卵生；偶然因爲一件事受到啓發，而明辨是非的，是濕生（如周處、戴淵之改過，李懷光反叛一類）；前後的行爲判若兩人，推究起來並非短時間內所造成的，這是化生（如唐玄宗、衛武公一類）。

賞析

張潮藉由佛教四生的分別，來說明人對於是非善惡的分辨能力及道德實踐能力。他認爲，胎生，無須透過後天的教化，就能夠分辨是非善惡，且也能身體力行。儒家認爲每個人出自於理性的要求，都會將人性善的那一面呈現出來，如果沒辦法呈現，是因爲被人的私慾所蒙蔽，這樣，就變成了惡。這類學說的代表人物，是孔子和孟子。

卵生，是得等待聖人教化後，才能夠明辨是非善惡者。儒家中的荀子，即是提倡此類學說的人；荀子主張性惡，認爲人如果順著自己的本性發展，那麼就會流歸於惡。禮義，是透過後天學習而來的，接受了聖人的教化之後，才能把原本的性惡矯正成爲善，這就是所謂的「化性起僞」。

濕生，原本是品行不端的歹人，但發生了某件事而成爲他改過向善的契機，使他變成善人，這類人就像是周處、戴淵等人。化生，則是指前後行事作風完全相反、判若兩人者，就像唐玄宗原本極爲勵精圖治，卻在晚年寵信楊貴妃、楊國忠之後，開始變得昏庸無能了。

張潮以如此這般的比擬方式，來歸納他對人的觀察心得，也算是將儒家思想與佛教思想接了軌，饒富見地，興味悠長。

凡物皆以形用

凡物皆以形用，其以神用者，則鏡也，符印[1]也，日晷[2]也，指南針[3]也。

1 符印：用來當作憑證信物的東西，如兵符、印章、信物等等。

2 日晷：古代利用日影以測量時間的儀器，由晷盤和晷針構成。晷，讀作「鬼」，指日光、日影，並延伸為時間之意。

3 指南針：又稱為羅盤，一種以磁針來定位方向的儀器。

4 袁中江：本名袁啟旭，字士旦，號中江，安徽宣城人。擅長作詩與書法，著有《中江紀年詩集》。

5 黃虞外士：生平不詳。

白話翻譯

舉凡物品，都是依靠外在形式來發揮功能的；而憑著內在實質發揮功能的，是鏡子、印信符節、日晷，以及指南針。

◆**袁中江**[4] **評點**：凡人皆以形用，其以神用者，聖賢也，仙也，佛也。

凡夫俗子都是靠著外形來發揮功用，仰賴精神內涵而發揮功用者，是聖賢、仙人和佛陀。

◆**黃虞外士**[5] **評點**：凡物之用皆形，而其所以然者，神也。鏡凸凹而易其肥瘦，符印以專一而主其神機，日晷以恰當而定準則，指南以靈動而活其針縫。是皆神而明之存乎人矣。

舉凡物品皆依賴其形體而發揮功用，之所以如此，其實是出於它們內在的特質。鏡子的凸凹，可以讓人的形體胖瘦看起來不一樣；符印，是因其特定的專門性而決定了它的功能妙用；日晷，則因恰如其分的時間分配確立出運行的準則；指南針，因為需要靈活運動而不將其指針給固定住。要想真正明白這些事物的奧妙，就得看個人的領悟力了。

賞析

張潮將物品的功用分爲兩大類——其一是靠著物品的外在形式來發揮功能，像是杯子能夠裝水，是因爲它的外形被設計成可以用來盛水；床可以用來睡臥，是因爲它的外形能讓人躺在其上休息。

另一類則是靠著物品的本身特性，意即以內在實質來發揮功用，因此外形不拘。像是鏡子，可以照映出人的外貌，就算是特殊的凸凹鏡會使人的胖瘦高矮有所變化，也還是憑著它內在的特殊性，來發揮本身的鏡子照影功能。印信符節，如古代的兵符、東方人喜歡使用的印章等等，它擁有做爲憑證的特定功能，完全不因其外形是圓是方是短是長而稍改。指南針，功能爲測量方向，外形自當無甚重要，與其功能性毫無關聯。

因此，我們可以試著歸納如下——物體，凡是會受到其外形改變而影響功用的東西，就是張潮所謂「以形用」的事物。而當物體的外形無論如何改變，都不會影響其功用的東西，就是所謂的「以神用」。

才子遇才子

才子遇才子，每有憐才之心；美人遇美人，必無惜美之意。我願來世托生[1]為絕代佳人，一反其局而後快。

1 托生：投胎。
2 倪永清：生卒年不詳，法名超定，清代松江（在今上海市境內）人。

白話翻譯

才子遇到才子，總有惺惺相惜之心；美人遇到美人，則必定沒有愛憐珍惜之意。我希望來世能投胎做絕代美女，痛快地一反這種世俗常態。

◆**鄭蕃修評點**：俟心齋來世為佳人時再議。

等到心齋來世成為美女再來討論。

◆**倪永清**[2]**評點**：再來時不可忘卻。

先生再次投胎時可別忘了。

賞析

這則小品文探討的主旨是「嫉妒」，其實嫉妒的心理無論男女都有，或許在男人之間比較不那麼明顯罷了，而善妒，則一直以來都是女人予人的刻板印象。

這裡談論的是才子與佳人對於自己同類人的態度，張潮認爲有才華的文人，對於和自己一樣有才的文人較能做到惺惺相惜，正所謂「英雄惜英雄」便是此種道理。但這也非放諸四海皆是的標準，曹丕在《典論・論文》中說「**文人相輕，自古而然**」，這便說明了文人之間仍然存在著互相輕視的情形，並非張潮所認爲的那樣能夠互相惜才。試想，文人互嫉的心理也極爲自然，畢竟文人多半帶有傲氣，覺得自己的才學與作品皆是舉世無雙，所以眼中大概只有自己，而容不下其他文人的創作；然而，我們之中有許多人很可能也都存有嫉妒的心理，只是沒有表現出來罷了，並不代表只有文人才會嫉妒人。

至於美人是否會互相嫉妒，這取決於她們所處的環境與性格上的差異。如果是共侍一夫，那麼當然極有可能互相嫉妒，因爲每個女人都希望獲得丈夫的憐惜與寵愛；如果只是在路上偶遇，那麼或許也能像普通朋友那樣，相談甚歡也未可知。

嫉妒是人性的其中一種表現，人皆有之，就看每個人如何對應與處理它。張潮眞是位異想天開的浪漫文人，因爲他希望來世能投胎做絕世佳人，衷心盼望他能生在現代，也許他除了做文人，還能做兩性專家，到時再來聽聽他對於美人碰上美人的看法。

予嘗欲建一無遮大會

予嘗欲建一無遮大會1，一祭歷代才子，一祭歷代佳人，俟遇有真正高僧，即當為之。

1無遮大會：佛教公開舉辦的法會，不分貴賤，無論是什麼身分的人都可參加，人人平等地進行財布施與法布施。在印度，常常舉行，中國在六朝時期也時常效法舉辦。
2顧天石：本名顧彩，字天石，號夢鶴居士，江蘇無錫人。擅長創作戲曲劇本，孔尚任的劇本《小忽雷》，就是由顧天石填詞的。其他戲曲作品有《大忽雷》、《後琵琶記》等等。
3釋中洲：即釋菌人，法名海岳，字菌人，號中洲。擅長繪畫。
4江含徵：本名江之蘭，其人介紹請見本書〈編者導讀〉文章。
5母陀羅：佛教語，以手指結成的各種印形。
6香廚：亦稱香積廚，指佛寺裡的廚房。
7釋遠峰：生平不詳。

白話翻譯

我曾經想過要辦一場不分僧俗貴賤都能平等布施的法會，一來祭拜歷代的才子，一來祭拜歷代的美人。等到我

◆**顧天石**2**評點**：君若果有此盛舉，請遲至二三十年之後，則我亦可以拜領盛情也。

閣下如果真的要舉辦這場盛大的法會，請延遲到二三十年以後再辦，那麼我就可以託福地收下您的一片心意了。

◆**釋中洲**3**評點**：我是真正高僧，請即為之，何如？不然，則此二種沉魂滯魄，何日而得解脫耶？

我可是真正的高僧，請馬上舉辦，怎麼樣？不然，才子和佳人這兩種孤魂野鬼，什麼時候才得以解脫呢？

遇到眞正的高僧時，就馬上這麼做。

賞析

張潮在《幽夢影》中多次提到才子與佳人，在此更進一步提到想要舉辦法會來祭拜他們，可見他心中對於歷代才子與佳人的仰慕之情有多麼深厚。

世間所舉辦的法會，多半都是寺廟爲了向信徒募捐而辦，張潮覺得不免染有世俗的功利色彩，這無疑是對他心目中崇高男女偶像的玷污。所以，他想尋一位得道高僧，一個能眞正擺脫世俗與金錢誘惑的修道者，這樣的人選才有資格替他舉辦這場神聖的法會。

◆**江含徵**④**評點**：折柬雖具，而未有定期，則才子佳人亦復怨聲載道。又曰：我恐非才子而冒為才子，非佳人而冒為佳人，雖有十萬八千母陀羅⑤臂，亦不能具香廚⑥法膳也。心齋以為然否？

請帖雖已經備妥，但確切日期還沒有定下，這樣可是會讓才子佳人怨恨至極的。又說：只怕到時候不是才子的人卻冒充才子，不是佳人卻冒充佳人而來，即便有十萬八千隻母陀羅手臂，也準備不了那樣多的僧廚法膳。心齋認為我說的可有道理？

◆**釋遠峰**⑦**評點**：中洲和尚，不得奪我施主。

中洲和尚，不要搶我的施主。

聖賢者

聖賢者，天地之替身。

1石天外：本名石龐（一六七一年至一七〇三年），字天外，號晦村學人，又號天外生。清代太湖（今屬安徽）人。在文學上頗有造詣，尤長於戲曲，著有傳奇《因緣夢》、《後西廂》等等。

2名教：名分與教化，指以儒家所定的名分與倫常道德為準則的禮法。語出《晉書・卷四九・阮籍傳》：「戎問曰：『聖人貴名教，老莊明自然，其旨同異？』」（聖人推崇名分與教化，老子和莊子卻推崇自然無為，這兩種說法是相同的嗎？）

3張竹坡：本名張道深，其人介紹請見本書〈編者導讀〉文章。

4乾坤：指易經上的乾卦（天）與坤卦（地），亦用來借指陰陽、夫婦、日月等概念。

白話翻譯

聖人與賢者，是天地的化身。

◆**石天外** 1 **評點**：此語大有功名教 2 ，敢不伏地拜倒。

這句話對封建禮教有極大的功勞，怎敢不伏地膜拜。

◆**張竹坡** 3 **評點**：聖賢者，乾坤 4 之幫手。

聖人與賢士，是天地的幫手。

賞析

《孟子・萬章上》說：「**天不言，以行與事示之而已矣。**」這句話的意思是說：「天不說話，只是用行爲和事情的徵兆來向我們示警罷了。」中國人一向敬畏天地，認爲天是有意志的，但它並非以言語來向我們傳達意向，而是透過行爲和事情的徵兆來彰顯旨意。

張潮認爲，扮演人和天之間溝通橋梁角色的，就是聖人和賢人。因爲他們懂得修身自持，行爲堪稱衆人的表率，是最爲接近天意的人，所以他覺得，聖賢是代替天地、來行教化萬民角色的，聖賢總是孜孜不倦地諄諄教誨世人，告訴世人要將不善的行爲轉變成善的。就像春秋時代的孔子那樣，他明知不可而

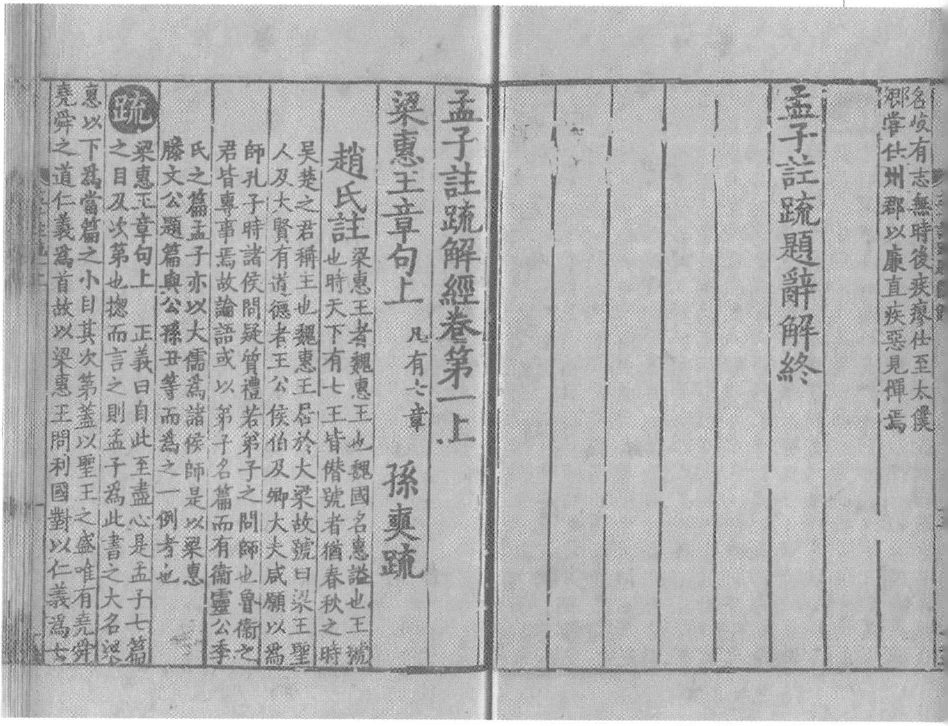

名岐有志無時後疾瘳仕至太僕
郷常仕州郡以廉直疾惡見憚焉
孟子註疏題辭解終

孟子註疏解經卷第一上
梁惠王章句上 凡有七章 孫奭疏
趙氏註 梁惠王者魏惠王也魏國名惠謚也王號
也時天下有七王皆僭號者猶春秋之時
吳楚之君稱王也魏惠王居於大梁故號曰梁王聖
人及大賢有道德者王公侯伯及卿大夫咸願以爲
師孔子時諸侯問疑質禮若弟子之問師也魯衛之
君皆專事焉故論語或以弟子名篇而有衛靈公季
氏之篇孟子亦以大儒爲諸侯師是以梁惠
滕文公題篇與公孫丑等而爲之一例者也
疏 梁惠王章句上 正義曰自此至盡心是孟子七篇
之目及次第也總而言之則孟子爲此書之大名梁
惠以下爲當篇之小目其次第蓋以聖王之盛唯有堯舜
堯舜之道仁義爲首故以梁惠王問利國對以仁義爲七

爲之，也要周遊列國，企圖說服各諸侯國國君施行仁政，別只貪圖自己的享樂，要了解並照顧百姓的需求，以百姓的安樂當作自己的安樂。由此觀之，至聖先師孔子，當可說是天地的化身吧。

天極不難做

天極不難做，只須生仁人君子有才德者二三十人足矣。君一，相一，冢宰1一，及諸路總制撫軍2是也。

1 冢宰：古代職官名，是周朝的官制，為百官六卿之首。後世也用以做吏部尚書的別稱，吏部尚書負責官員的選拔、考核與任免，相當於現今的銓敘部。冢，讀作「腫」，居首位之意。

2 諸路總制撫軍：古代官名，指各省的總督、巡撫。路，行政區域的名稱，此指省。總制，官名，即總督，明清最高的地方行政首長。撫軍，明清時代巡撫的別稱，地位僅次於總督，總管一省的軍事、吏治、刑獄訴訟等等。

3 黃九煙：本名黃周星（一六一一年至一六八〇年），字景虞，號九煙、圃庵、而庵笑倉道人。直隸上元縣（今江蘇南京）人，明崇禎十三年（一六四〇年）進士，朝廷授予戶部主事官職。明朝滅亡後不出仕做官，以教授經書為業。清康熙十九年（一六八〇年）跳河自殺。著有《夢史》《圃庵詩集》《百家姓編》等書。

4 做天切莫做四月天：諺語，左右為難之意。出自：「做天難做四月天，蠶要溫和麥要寒；賣菜哥哥要落雨，採桑娘子要晴乾。」

5 江含徵：本名江之蘭，其人介紹請見本書〈編者導讀〉文章。

6 女媧補天：據唐代司馬貞《三皇本紀》，上古時，水神共工、火神祝融兩相交戰。共工敗，拿頭去撞世界的支柱，天因而塌陷，致使天河之水注入人間，洪水氾濫。女媧對人類受災極為不忍，便煉製五色石將天空裂縫補好，並砍下長長的鰲足用作

◆**黃九煙**3**評點**：吳歌有云：「做天切莫做四月天4。」可見天亦有難做之時。

江浙一帶的民歌是這麼說的：「做天切莫做四月天。」可見得，上天也有難做的時候。

◆**江含徵**5**評點**：天若好做，又不須女媧氏補之。

上天如果那麼好做，就不需要女媧來補天6了。

撐天大柱，洪水始平，人類得而安居。
女媧：中國古代神話中傳說的上古女帝，是伏羲的妹妹，人首蛇身。事見《淮南子．覽冥》。
7倪永清：生卒年不詳，法名超定，清代松江（在今上海市境內）人。

白話翻譯

上天並不難做，只需要降生有仁德的君子二三十位就夠了。一個當君主，一個當宰相，一個當冢宰，其他人則分別做各行政區域的首長和撫軍，天下就能得治。

賞析

這則小品文接續了上一則「聖賢者」的爲文脈絡，張潮繼續闡述其見解——既然，聖賢是上天派來管理萬民的使者，那麼上天乾脆也派一些仁德君子來做人間的管理者好了，若然如此，天下將再沒有冤獄，再沒有不公不義之事，這是張潮心目中所規劃的理想國藍圖。

這篇文字表示了，明末清初的政治並不太清平，老百姓沒辦法安然地過日子，所以張潮才會有這種訴求。事實上，仁德君子在歷史上也出現過，像是春秋時代的孔子、戰國時期的孟子，只是他們的仁政之道一直無法爲當其時的國君所採納，導致最終抑鬱而死。

◆**倪永清**7 **評點**：天若都生善人，君相皆當袖手，便可無為而治。

如果上天降生的人都是善良之輩，那麼君王和宰相都能袖手旁觀了，什麼事都不用做，天下自然就能治理得好。

即便由聖賢做君主，但他們始終是人，是人，就會被喜怒好惡等情緒影響，因此治理百姓時不一定能眞正做到公平與公正；況且，人的壽命終究有限，即便眞有聖賢做君主及各省長官，但他們終究會死，而接替他們的人也未必是聖人賢者，所以張潮的理想國純屬夢幻泡影，難以實現。不過，他所說的這一切，理論基礎都來自於「上天是有意志的」，然而人的認識有限，始終無法證明上天是否眞的存在，且能主宰人世間的興衰禍福，若不能證明這一點，那麼張潮這個主張必然無法成立。

擲陞官圖

擲陞官圖[1]，所重在德，所忌在贓。何一登仕版[2]，輒與之相反耶？

1 陞官圖：古時的一種賭博遊戲。將各官職列出寫在紙上，擲骰子看點數大小，以決定官位升降，官位升至最高者即贏。升與降有「德、才、功、贓」四種評斷標準，德最佳，才與功也可升，贓則最差。

2 一登仕版：一旦開始做官。仕版，登錄官吏名籍的簿冊。《宣和書譜・卷一三・晉・張華》：「張華……為本郡太守所薦，始登仕版。」（張華，由該郡太守推薦，正開始做官。）

3 江含徵：本名江之蘭，其人介紹請見本書〈編者導讀〉文章。

4 沈契掌：本名沈思倫，字契掌，號閑吾子，安徽池州人。

白話翻譯

投擲骰子玩陞官圖的時候，看重的是品德操守，忌諱的是貪贓枉法。何以名字一旦登上了官員名冊，就和玩遊戲時完全相反呢？

◆**江含徵**[3] **評點**：所重在德，不過是要贏幾文錢耳。

之所以注重品德操守，不過是想要贏個幾文錢罷了。

◆**沈契掌**[4] **評點**：仕版原與紙版不同！

記錄官員名籍的名冊，本來就和做遊戲之用的紙板有所不同。

賞析

張潮這則小品文反映了清初政治的黑暗，官員多半貪贓枉法，只知抓取自己的榮華富貴，根本不在乎百姓的福祉。

陞官圖，雖然只是民間的一種（桌上）遊戲，卻同時也反映了一般百姓對於官員的期許，以及孩提時期對自己許下的志向期望，意即——若是有朝一日能榮登官員名冊，必定會勤勉修身，崇尚品德，要替百姓謀福祉。

然而眞正踏入仕途後，便發現理想與現實是有落差的。現實中的官場爾虞我詐，若非與貪官污吏同流合污，就是被貪官小人所陷害，繼而不是遭貶官遠離京城，就是被陷害身亡。是以，想要在殘酷的現實中，維持當初想要做官的「初心」，是極爲困難的。

動物中有三教焉

動物中有三教焉：蛟龍麟鳳之屬，近於儒者也；猿狐鶴鹿之屬，近於仙者也；獅子牯牛[1]之屬，近於釋[2]者也。植物中有三教焉：竹梧蘭蕙之屬，近於儒者也；蟠桃老桂之屬，近於仙者也；蓮花薝蔔[3]之屬，近於釋者也。

1 牯牛：牯，讀作「股」，指母牛，或是閹割過的公牛。
2 釋：此為佛教始祖釋迦牟尼的簡稱，亦為佛教的泛稱。
3 薝蔔：讀作「沾伯」，梵語花名，意譯為鬱金花，也有一說為梔子花，此種花在佛經中有所記載。
4 顧天石：本名顧彩，字天石，號夢鶴居士，江蘇無錫人。擅長創作戲曲劇本，孔尚任的劇本《小忽雷》，就是由顧天石填詞的。其他戲曲作品有《大忽雷》、《後琵琶記》等等。
5 一個通徹三教九流：指通曉宗教以及各學術流派之人。原本是指《西廂記》的男主角張生所學極廣，在這裡則讚美張潮知識廣博。典出元代王實甫之雜劇作品《西廂記・第四本・第二折》：「一個通徹三教九流，一個曉盡描鸞刺繡。」
西廂記：元代首屈一指的雜劇作品。發想自唐代元稹的傳奇《會真記》（又名《鶯鶯傳》），講述了張生與崔鶯鶯的愛情故事。
6 石天外：本名石龐（一六七一年至一七〇三年），字天外，號晦村學人，又號天外生。清代太湖（今屬安徽）人。在文學上頗有造詣，尤長於戲曲，著有傳

◆**顧天石**[4] **評點**：請高唱《西廂》一句，一個通徹三教九流[5]。

請高聲唱出《西廂記》中的這句——「一個通徹三教九流」。

◆**石天外**[6] **評點**：眾人碌碌，動物中蜉蝣而已；世人崢嶸，植物中荊棘而已。

世人大多平庸，不過是動物中的蜉蝣罷了；其中的卓越不凡之人，也不過是植物中的荊棘罷了。

奇《因緣夢》、《後西廂》等等。又號天外生。清代太湖（今屬安徽）人。在文學上頗有造詣，尤長於戲曲，著有傳奇《因緣夢》、《後西廂》等等。

白話翻譯

動物也有三教的區分：蛟龍、麒麟、鳳凰之類，近似儒家；猿猴、狐狸、白鶴、鹿之類，近似道骨仙風；獅子、母牛之類，近似佛教。植物中也有三教的區分：竹子、梧桐、蘭花、蕙草之類，近似儒家；蟠桃、老桂之類，近似道骨仙風；蓮花、薝蔔之類，近似佛教。

賞析

張潮不只喜歡在動植物身上賦予人類的品格特質，這回，張潮更是聯想力豐富地將它們與儒釋道三教連結在一起，讀來頗有趣味。

儒家，要求人要像君子一樣仁厚，品德高潔，清高自守之餘，還要懂得不與世俗之人同流合污。在動物中，鳳凰、蛟龍、麒麟象徵祥瑞，凡是太平盛世，或者遇到賢明的君主，這些動物就會出現，與人們互相唱和，表示深爲君主個人的品德吸引。在植物中，竹子、梧桐、蘭花、蕙草這一類，則被用來象徵君子崇高的品德，所以張潮將它們歸類爲儒家。

仙人，即指道教人物的特質，那是仙風道骨。道教人物和世俗的凡夫俗子不同，他們不

屑追逐名利權勢，只求隱遁於山林之中，嚮往羽化登仙的超凡入聖境界。在動物中，猿猴、白鶴、鹿，時常被仙人當成坐騎，也因此成爲仙人的象徵。在植物中，傳說王母娘娘有個蟠桃園，因此蟠桃是神話中的植物，是仙境中才有的水果，常予人吃了可延年益壽的印象。老桂，即桂樹，傳說是種植在月宮中的植物，是以張潮將這兩種植物歸類爲道教。

佛教主張了生脫死，證成涅槃，脫離生死輪迴，是佛教思想的終極理想境界，眾生可以不用再爲生死輪迴所苦。而僧人也要禁慾，因爲世俗的情愛與生理情慾，是修行之路上的一大阻礙。在動物中，獅子是菩薩的別名，而母牛或者被閹割的公牛，象徵佛教僧人的禁慾。在植物中，在觀音畫裡常常見到觀世音菩薩腳踏蓮花，至於薝蔔則是佛經中所記載的花，也都與佛教有關。

佛氏云「日月在須彌山腰」

佛氏云：「日月在須彌山①腰。」果爾，則日月必是遶山橫行而後可。苟有升有降，必為山巔所凝矣。又云：「地上有阿耨達池②，其水四出，流入諸印度。」又云：「地輪之下為水輪，水輪之下為風輪，風輪之下為空輪。」余謂此皆喻言人身也。須彌山喻人首，日月喻兩目，池水四出喻血脈流通，地輪喻此身，水為便溺，風為洩氣③，此下則無物矣。

◆**釋遠峰④評點**：卻被此公道破。

這下正好被先生說破了。

◆**畢右萬⑤評點**：乾坤交後，有三股大氣：一呼吸、二盤旋、三升降。呼吸之氣，在八卦為震、巽，在天地為風、雷，為海潮，在人身為鼻息；盤旋之氣，在八卦為坎、離，在天地為日、月，在人身為兩目，為指尖、髮頂羅紋，在草木為樹節、蕉心；升降之氣，在八卦為艮、兌，在天地為山、澤，在人身為髓液便溺，為頭顱、肚腹，在草木為花葉之萌、凋，為樹梢之向天、樹根之入地。知此，而寓言之出於二氏者，皆可類推而悟。

天地相交之後，有三股大氣：一是呼吸之氣、二是盤旋之氣、三是升降之氣。呼吸之氣，在八卦為震卦和巽卦，在天地就是指風、雷，是海水潮汐，在人身上就是指鼻息；盤旋之氣，在八卦就是坎卦和離卦，在天地就是太陽和月亮，在人的身體就是雙目，是指尖和頭頂的螺旋紋，在植物中就是樹幹的枝節、芭蕉的莖心；升降之氣，在八卦就是艮卦和兌卦，在天地中是山澤，在人的身體為骨髓體液大小便，是頭顱和肚腹，在草木中為花葉的萌生和凋零，指樹梢朝天際生長、樹根向地下生長。知道了這些，佛教和道教中的寓言，都能照此類推明白。

1須彌山：山名。梵文音譯，也譯作「修迷樓」、「須彌樓」、「蘇迷盧」。是古印度神話中的山名，佛教認為這座山位居世界中心。

2阿耨達池：梵語音譯，簡稱阿耨，意譯清涼池、無熱惱池。位於古印度北方，在大雪山之北，香醉山以南。耨，讀音為英文的「NO」。

3洩氣：放屁。

4釋遠峰：生平不詳。

5畢右萬：本名畢三復，字右萬，清安徽歙縣（歙在此讀作「社」）人，著有《樅亭近稿》。樅，讀作「聰」，冷杉的古稱。

白話翻譯

佛家說：「太陽和月亮在須彌山的山腰。」若果眞如此，那麼太陽與月亮必定得遶著山橫向運行才可以，因爲假如有升有降，一定會被山頂擋住。佛家又說：「地面上有阿耨達池，池水朝四面八方流出，流入印度各地。」又說：「地輪下方是水輪，水輪下方是風輪，風輪下方是空輪。」我認爲這些都是用來比喻人體構造。須彌山比喻頭部，日月比喻一雙眼睛，池水四出比喻血脈流通，地輪比喻身體軀幹，水比喻大小便，風比喻放屁，再往下就空無一物了。

賞析

佛教，是從印度傳進中國的宗教，雖然部分經典翻譯成了中文，但佛經中仍保留著印度文化的色彩。在古印度的神話傳說中，須彌山是宇宙的中心，日月都圍繞著它運行。阿耨達池也是古印度傳說中的池子，至於實際上是否眞如佛教典籍記載的那樣，就不得而知了。然而，佛教的宇宙觀包含三千大千世界，所謂三千世界實則由十億個小世界組成，而三千大千世界則由千百億個世界組成，由此看來，佛教的宇宙無窮無盡，這些世界之中未必沒有眞如佛經所記載的**「日月在須彌山腰」**，只是我們的認識有限，無法得知罷了。

張潮將佛經中對於世界地理景觀的描述，比喻作人體的構造，這個見解十分有趣，饒富想像，且不無道理，這未嘗不是另一種詮釋佛教典籍的方法，可以提供後人做爲參考借鑑。

蘇東坡和陶詩

蘇東坡和陶詩[1]，尚遺數十首，予嘗欲集坡句以補之，苦於韻之弗備而止。如〈責子〉詩中「不識六與七，但覓梨與栗」[2]，「七」字、「栗」字，皆無其韻也。

1 和陶詩：即「和詩」，指依照他人詩作的體裁、韻腳來作詩，以為應答互動。蘇軾晚年的詩風變得平淡，曾用陶淵明詩作的韻腳和作百餘首詩。和，在此作動詞用，讀作「賀」。

2 〈責子〉詩：此為陶淵明的詩作，其以詼諧筆法描繪家中五個兒子的成長現況——「白髮被兩鬢，肌膚不復實。雖有五男兒，總不好紙筆。阿舒已二八，懶惰故無匹。阿宣行志學，而不愛文術。雍端年十三，不識六與七。通子垂九齡，但覓梨與栗。天運苟如此，且進杯中物。」（長子阿舒十六歲；次子阿宣快要十五歲；阿雍與阿端為雙胞胎，十三歲；么兒阿通年約九歲。）

3 王司直：本名王臬（臬讀作「孽」），字司直，清代秀水（今浙江嘉興）人，擅長詩畫，曾與手足王概、王蓍（蓍讀作「詩」）合編《芥子園畫譜》。

白話翻譯

蘇東坡和了陶淵明的詩作，還剩下數十首沒作，我曾想要收集東坡的詩句來補充它，卻因詩韻不完備而感到為難，只好作罷。如〈責

◆**王司直**[3] **評點**：余亦常有此想，每以為平生憾事，不謂竟有同心。今彼可以無憾，但憾蘇老耳。

我也常常有這種想法，總覺得是一生的遺憾，想不到竟然有人和我想法相同。現在可以沒有遺憾了，只對蘇軾老先生有所抱憾罷了。

子〉詩中「不識六與七」、「但覓梨與栗」，都沒有「七」字和「栗」字這種韻。

賞析

蘇東坡曾經「追和」過陶淵明的詩句，前人往往只模仿古人作詩，沒有追和古人的詩的，蘇東坡是為開創者。所謂和詩，是指按照他人詩作的體裁及其所用的韻腳來作詩。張潮想依照和詩的這種創作方式，替蘇東坡和完陶淵明的其餘詩作，卻礙於找不到相同的韻腳而無法進行。

就這一點來看，應是涉及了語音變遷的問題。蘇東坡是宋代人，陶淵明是東晉人，張潮所處的則是清朝初年，三者的時間間隔都離得有點遠，有些音讀可能已發生了改變。古代漢語有平上去入四個聲調；到了元代，入聲被分派到陰平、陽平、上聲、去聲四個聲調當中，因而今日通用的「普通話」、「國語」並無入聲字。是以，當我們在閱讀古詩的時候，會發現一個情況，那就是原本在古漢語中應該押韻的字，以今日的語音讀起來並不押韻。所以今人在寫作古詩時，必須要用方言去唸，因為方言保存了古代的語音，像是——閩南語接近上古音，廣東話接近中古音。

張潮距離蘇東坡、陶淵明的年代很遠，相信他之所以找不到相同的韻字，應該也是出於語音變遷的關係，畢竟音讀是會隨著時間、地域關係而產生改變的。

予嘗偶得句

予嘗偶得句，亦殊可喜，惜無佳對，遂未成詩。其一為「枯葉帶蟲飛」，其一為「鄉月大於城」。姑存之，以俟異日。

1王司直：本名王臬（臬讀作「孽」），字司直，清代秀水（今浙江嘉興）人，擅長詩畫，曾與手足王概、王著（著讀作「詩」）合編《芥子園畫譜》。

2袁翔甫：生平不詳。

3滿城風雨近重陽：出自宋代釋惠洪《冷齋夜話・卷四・滿城風雨近重陽》：「黃州潘大臨，工詩，多佳句，然甚貧。……。臨川謝無逸，以書問有新作否？潘答書曰：『秋來景物件件是佳句，恨為俗氛所蔽翳。昨日閑臥，聞攪林風雨聲，欣然起題其壁曰「滿城風雨近重陽」，忽催租人至，遂敗意。止此一句奉寄。』聞者笑其迂闊。」（潘大臨擅長作詩，佳句頗多，卻家境貧窮。謝無逸寫信問他最近可有新作的詩句？潘大臨寫信回答：「秋天景物每一件都是一句好詩，只恨被世俗所蒙蔽。昨天閒來躺著睡覺，聽到林間風雨聲，便心情大好起身於牆壁寫道『滿城風雨近重陽』，突然，催繳租稅的人來了，敗壞了我的詩興，因而只能奉寄這一句給您。」聽聞的人對他的不切實際都笑了。）

◆**王司直** 1 **評點**：古人全詩每因一句兩句而傳者，後人誦之不已。既有此一句兩句，何必復增？

古人的整首詩，總是憑著其中一兩句流傳後世，而讓後代的人誦讀不止。既已有了這一兩句，何必再增加？

◆**袁翔甫** 2 **評點**：單詞隻句亦足以傳，何必足成耶？如滿城風雨近重陽 3 之類是也。

一個詞、一個句子也足夠流傳後世了，何必一定要整首詩都作完呢？如滿城風雨近重陽這樣的句子便是。

白話翻譯

我曾經靈感突發想到了幾個句子，也覺得十分歡喜，可惜想不到好的對句，所以沒有把整首詩寫完。其中之一是「枯葉帶蟲飛」，另外一個是「鄉月大於城」。暫且先留下來，等待日後再寫成一首詩。

賞析

古代騷人墨客在欣賞美景時，常常會偶然想到一兩句絕妙的詩句，但倉促間又無法作完整首詩，所以喜歡創作的人，身邊經常會攜帶小冊子，把想到的佳句記錄下來，等到有空的時候再將整首詩作完。

張潮在這一則小品中所分享的兩個句子，都描寫了大自然的景致。「**枯葉帶蟲飛**」，這句話的意思是：「蟲爬在乾枯的樹葉上，待風吹過，小蟲就伴隨著枯葉隨風飛舞。」另一句「**鄉月大於城**」，意思是：「鄉間的月亮比城市的月亮更大。」這是因爲鄉下的房子較少，土地看起來很空曠，是以能夠看到整片夜空，月亮也連帶看起來更大更圓了；相較之下，城市因爲街道較多，房子擁擠，天空就縮小了，月亮看起來也連帶小了許多。

這兩句詩都清新可愛，帶給人充滿畫面感的聯想，就如同評點家王司直所說的，後人在傳誦詩句的時候，很少會整首詩全部記誦下來，通常都是只記一兩個佳句，像是李商隱〈無題〉中的「**春蠶到死絲方盡，蠟炬成灰淚始乾**」。所以，不單是在古代，就算是在現代以白話文書寫創作的你我，如果偶得佳句，完全不必吝嗇與人分享，說不定有機會成爲千古傳誦的佳句也說不定。

空山無人

「空山無人，水流花開」二句，極[1]琴心之妙境。「勝固欣然，敗亦可喜」二句，極手談[2]之妙境。「帆隨湘轉，望衡九面」二句，極泛舟之妙境。「胡然而天[3]，胡然而帝」二句，極美人之妙境。

1 極：窮盡，達到了最高境界。
2 手談：此指下圍棋。
3 胡然而天：胡然，怎麼。而，像是。
4 王司直：本名王臬（臬讀作「孽」），字司直，清代秀水（今浙江嘉興）人，擅長詩畫，曾與手足王概、王蓍（蓍讀作「詩」）合編《芥子園畫譜》。
5 袁翔甫：生平不詳。

白話翻譯

「空山無人，水流花開」二句，寫盡彈琴的美妙心境。「勝固欣然，敗亦可喜」二句，寫盡對弈的最高境界。「帆隨湘轉，望衡九面」二句，寫盡泛舟的絕妙意境。「胡然而天，

◆**王司直[4]評點**：登山泛舟望美，此語妙境之妙。

登山泛舟眺望美景，絕妙說出了意境之美妙。

◆**袁翔甫[5]評點**：此等妙境，豈是鈍根人領略得來。

這樣的絕妙意境，哪裡是根器愚鈍之人所能領會的。

胡然而帝」二句，寫盡美人的神態風韻。

賞析

「**空山無人，水流花開**」，這兩句詩摘錄自蘇軾《十八大阿羅漢頌》中的〈第九尊者頌〉，說的是禪理玄機。此處將這兩句詩從其所屬的語文脈絡中抽離出來，單獨從字面意義來理解，意思是指：「在空曠無人的山林中，水自然地流淌，花自然地綻開，沒有人爲的干擾。」張潮將這種絕妙的意境與琴聲的空靈聯想在一起，意指在聆聽琴聲的同時，也彷彿見到了自然美景在眼前展開，所以他認爲這兩句詩寫盡了美妙琴聲之聆聽。

「**勝固欣然，敗亦可喜**」，這兩句詩出自蘇軾的〈觀棋〉，意思是說：「贏了固然值得高興，輸了也不會感到挫敗。」藉著下棋，本來就能在過程中領會到無窮的動腦樂趣，這才是最重要的，至於輸贏不過是其次，無須爲了輸贏而破壞與棋友的感情。張潮認爲，這句詩寫盡了對弈的最高境界。

「**帆隨湘轉，望衡九面**」這兩句出自《古詩源．湘中漁歌》，意思是：「帆船隨著湘江蜿蜒而下，能夠眺望衡山九次。」在泛舟動態的前行之中，能讓人欣賞到充滿動感的自然美景，湘江是那麼的蜿蜒曲折，因而每一次的眺望，都能欣賞到不同角度的衡山。張潮認爲，這兩句詩寫盡了泛舟所能獲得的最高意境。

「**胡然而天，胡然而帝**」這兩句詩出自《詩經．鄘風．君子偕老》，意思是：「怎麼能如天仙下凡，怎麼能如帝女落凡塵。」這兩句詩雖形容了女子的容貌美麗非常，然此詩原意是想要諷刺宣姜的丈夫宣公死了，她卻不守婦道，打扮得花枝招展。張潮在此處單獨把這兩句從原本的語文脈絡中抽離出來，只取其描寫美女容貌非常美麗的意境；在他看來，這兩句詩寫盡了美人神態風韻之美。

鏡與水之影

鏡與水之影，所受[1]者也；日與燈之影，所施[2]者也。月之有影，則在天者為受，而在地者為施也。

1受：被動地接收、領受。
2施：主動地施放、施與。
3鄭破水：本名鄭晉德，字破水，清代安徽歙縣（歙在此讀作「社」）人，著有《三友棋譜》。
4龐天池：即龐筆奴，生平不詳。

白話翻譯

鏡子與水中的投影，是從外在接收而來的；太陽和燈火的光影，則是它們所施放出來的。月亮在空中的光輝，是從外接收而來的；月亮在大地的清輝，是它所施放出來的。

◆**鄭破水** 3 **評點**：受、施二字，深得陰陽之理。

受、施二字，很能闡發事物陰陽消長的道理。

◆**龐天池** 4 **評點**：幽夢之影，在心齋為施，在筆奴為受。

幽夢影，對心齋這位創作者來說是施，對筆奴這個閱讀者來說是受。

賞析

張潮這則小品文談論，事物的光芒是由它本身所綻放出，還是它本身並不發光、只是從外在接收了光亮而來？鏡子可以映照出事物的樣貌，水中的倒影同樣也有這種功能，但這些影像並非鏡子和水本身就有的，而是接收、領受自外在的人或物，所以說是「受」，意即——被動地接收外在的影像。

太陽和燈火會發出光亮，光亮映照在地上就有了影子，光與影是分不開的，影子是光映照在事物之上才得以產生的。太陽和燈火本身就能發光，不需要依靠外在的光源，所以是「施」，意即——主動地施放出光亮的意思。

至於月亮，則同時具有施、受兩種特質，張潮的這個思考點甚爲特別。月亮本身並不會發出光亮，其光亮來自太陽光的反射，所以在天上的它算是被動地「受」；但對於地上來說，月亮散發出清輝，爲夜晚的大地帶來了光明，所以算是「施」。

張潮從光影的來源闡述「施」與「受」的概念，是十分有創意的作法。或者，也可以把這裡的「施」與「受」，說成是因果關係——「施」是造成光亮的原因，而「受」是光亮照射物體的結果。若無光源，那麼影子也無從產生。

水之為聲有四

水之為聲有四：有瀑布聲，有流泉聲，有灘聲，有溝澮[1]聲。風之為聲有三：有松濤聲，有秋葉聲，有波浪聲。雨之為聲有二：有梧葉、荷葉上聲[2]，有承簷[3]溜竹筒中聲。

1 溝澮：指田間的水道。澮，讀作「快」，指細小的水流。
2 梧葉、荷葉上聲：雨點落在梧桐葉與荷葉上的聲音。如：元代徐再思〈水仙子・夜雨〉：「一聲梧葉一聲秋，一點芭蕉一點愁，三更歸夢三更後。」（晚上的雨落在梧桐葉上，滴滴答答的雨聲宣告秋天的腳步近了；雨點打在芭蕉上，惹人興起愁思。午夜夢迴時又回到了故鄉。）又如唐代王昌齡〈採蓮曲〉：「荷葉羅裙一色裁，芙蓉向臉兩邊開。」（採蓮少女的綠羅裙與池中的荷葉，彷彿是相同的顏色；少女粉嫩的臉與盛開的荷花叢，相互掩映。）
3 承簷：屋簷下接雨的水槽。
4 弟木山：張潮的弟弟張漸，字木山，曾參與《昭代叢書》的編纂工作。

白話翻譯

水的聲音有四種：瀑布的聲音，泉水的聲音，浪花拍擊岸邊的聲音，田間水道的水流聲。風的聲音有三種：風吹過松林發出的聲音，秋天落葉的聲音，風捲浪湧的聲音。雨的聲音有兩種：雨水落在梧桐葉、荷葉上淅瀝的聲

◆**弟木山**4**評點**：數聲之中，惟水聲最為厭。以其無已時，甚聒人耳也。

眾多聲響裡面，就是水聲最討厭。因為它永無休止，在耳邊吵鬧不休。

音，屋簷下的雨水落入竹筒的滴答聲。

賞析

大自然充滿了許多聲音，張潮分別歸納爲水聲、風聲、雨聲。水，流淌在不同的地形上自會發出不同的聲響，像是瀑布從高山上飛流而下時，聽聞泉水潺潺時，以及驚濤拍擊岸邊時，水的聲音無不各有風韻，且能即時地帶給人視覺感與動態感。

風，當它吹過不同物體時，發出的聲響當然也各異，像是風吹過松林的松濤聲，秋風翻飛起落葉的聲音，以及風吹拂海水捲起浪花的聲音，都各見獨特，但也同時都予人那麼一點蕭瑟肅然的寂寥氣息。

雨，打在梧桐葉、荷葉上之際開始化作淅瀝瀝的雨水聲，或是當它掉落在屋簷被承接住、復又滴進竹筒所發出的雨水聲，只要細細聆聽觀察，就會發現，隨著雨勢與風勢的強弱，雨水聲也將或密或疏、或嘈雜紛亂或規律成章地爲我們獻聲。

水聲風聲雨水聲，聲聲獻，它們正宛如大自然的交響樂那般觸動著人心。若能處處留心身旁周遭的景物變化，相信大家都能和張潮一樣，領略大自然的聲音之美。

文人每好鄙薄富人

文人每好鄙薄[1]富人，然於詩文之佳者，又往往以金玉珠璣錦繡[2]譽之，則又何也？

1 鄙薄：鄙視、瞧不起。
2 金玉珠璣錦繡：金玉，指黃金珠玉，即珍寶。珠璣，珠是圓的珠子，璣是不圓的珠子，指珠玉寶石。錦繡，指織錦、刺繡，泛稱精美的絲織品。此極指詩文創作之美。
3 江含徵：本名江之蘭，其人介紹請見本書〈編者導讀〉文章。
4 張竹坡：本名張道深，其人介紹請見本書〈編者導讀〉文章。
5 李若金：本名李淦（一六二六年至？年），字若金，一字季子，號水樵、荔園等，清初江蘇興化人。為南明舉人，極為博學，性喜山林。著有《礪園集》、《燕翼篇》等書。

◆**江含徵**[3]**評點**：富人嫌其慳且俗耳，非嫌其珠玉文繡也。

只是嫌棄有錢人小氣又俗氣罷了，並不是嫌棄他們的珠玉、錦繡。

◆**張竹坡**[4]**評點**：不文，雖窮可鄙；能文，雖富可敬。

不懂文辭，儘管是窮人但仍讓人瞧不起；擅長文辭，儘管是富貴之人卻仍值得尊敬。

◆**李若金**[5]**評點**：富人之可鄙者在吝，或不好史書，或畏交遊，或趨炎熱而輕忽寒士。若非然者，則富翁大有裨益人處，何可少之？

有錢人讓人鄙視之處在於吝嗇，或者不喜讀史籍，或者畏懼結交朋友，或者趨炎附勢，看不起貧寒的讀書人。如若不是這樣的富翁，那麼對人可是大有益處，怎能少得了呢？

白話翻譯

文人總愛瞧不起有錢人，卻常常用金玉、珠璣、錦繡稱讚極上乘的詩文創作，這又是什麼緣故呢？

賞析

張潮認爲，既然文人看不起那些富有的人，也應該連帶地輕視金玉、珠璣、錦繡這些珍貴的珠玉寶石絲織品才對呀。但，這無疑是將兩件事給混淆了，這則小品文所論及的事情應該包含以下——

第一個是，文人鄙視、瞧不起有錢人。這是因爲有錢人追名逐利，以爲自己有錢就可以買到別人辛苦工作的成果，如書畫、工藝品等等。但其實他們並不懂得如何欣賞這些藝術品，只是買來裝飾、收藏，向人炫耀自己有文化素養罷了。

第二個是，金玉、珠璣、錦繡等物件極爲珍貴，它們之所以珍貴在於稀有性，若黃金珠玉遍地都是，那麼就不會有人覺得它們價值連城了。所以，拿它們來比喻文章也是一樣的道理，爲的是讚美難得一見的文章佳構，意指上乘的文學作品十分珍貴。

富人和金玉珠寶並不能劃上等號，儘管他們擁有了許多金玉、珠璣、錦繡等珍貴物品；反之，這些珍貴的物品也不能做爲富人的代表。況且，富人與金玉珠寶各自的象徵與價值，並不相同——富人，在此處帶有貶義，是指爲了追名逐利、不惜損害別人利益的人，其行徑爲君子所不齒；至於金玉珠寶，自是珍貴的物品，再加上君子的品德本來就常常以玉比擬，像是「溫潤如玉」，正是在比喻君子的溫柔儒雅。若照張潮這番推論，那麼豈不把君子和富人也劃上了等號嗎？

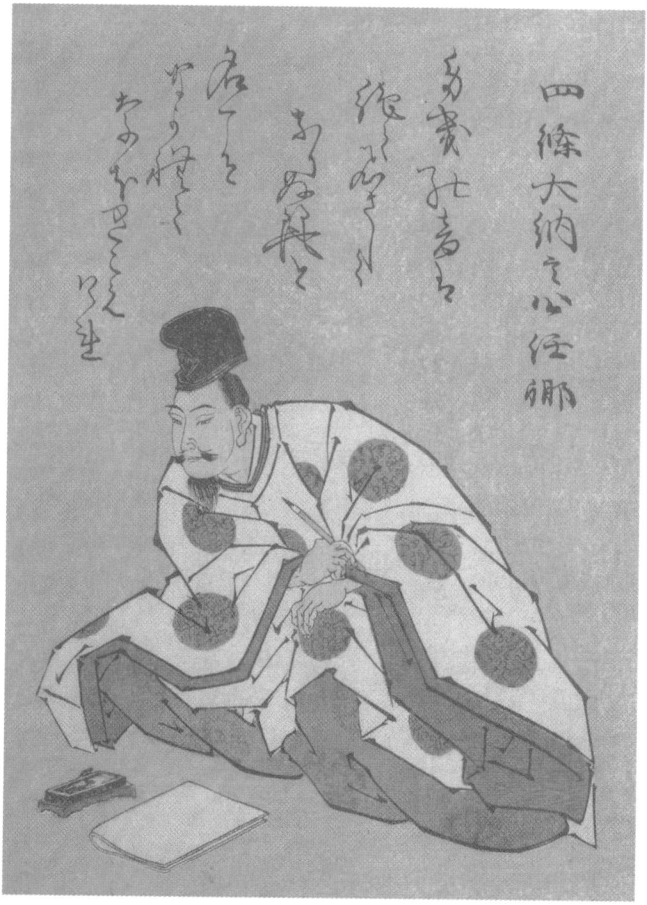

能閒世人之所忙者

能閒世人之所忙者，方能忙世人之所閒。

白話翻譯

能夠在大家都奔忙的事情上不湊熱鬧、不慌不忙，才能夠在世人顧及不到的地方使上力。

賞析

這則小品文想要說的是，當人人都一窩蜂去做某件事的時候，不要趕著去湊熱鬧——這裡指的應該是追名逐利之事。世人所奔忙的不外乎就是賺錢，有了錢可以過較好的生活，可以獲得更多的物質享受。然而人心永遠不會饜足，永遠都覺得自己的錢不夠用，所以看到什麼有利可圖的事情，就會一窩蜂地搶著去做。就拿做生意爲例，一樁有利可圖的小本生意，第一個做

◆**袁翔甫評點**：閒裡著忙是懵懂漢，忙裡偷閒出短命相。

空閒的時候還在忙碌，是糊塗人；在忙碌中找空閒餘暇，看得出短命樣。

的人可以發大財，因爲還沒有人這麼做，但是當大家看他獲利頗豐、開始跟隨以後，市場就漸漸飽和了，後面的人獲得的利潤很少，甚至可能會賠本。

而有些事情是，眾人看起來覺得無利可圖、都不願去做，有時反而可以獲得很大的利潤，或者能獲得比金錢更重要的東西。像是人文學科無論哪一科幾乎都不受社會重視，認爲對經濟發展沒有幫助，也覺得文科畢業的人才找不到薪水高的工作。然而，如果沒有文人願意爲文化傳承貢獻心力，那麼屬於一國的文化就會逐漸被人遺忘，且社會的價值會變得除了功利還是只有功利，再無別的價值了，再也沒有人會去在乎道德是非……這樣的社會將會變成何種樣貌，簡直讓人不敢再往下想。

張潮這是在提醒我們，凡事都有正反兩面，有時大家都認爲有利的事情，未必能帶來眞正的利益；有時看起來無利可圖、不敷成本考量的事情，反而是眞正有利的事。他在這一則小品提出的想法觀點，是很值得我們去反思的。

先讀經

先讀經，後讀史，則論事不謬[1]於聖賢；既讀史，復讀經，則觀書不徒為章句[2]。

1謬：錯誤。此處作動詞，差失：在這裡的意思是，議論事情的觀點與聖賢相差無幾。
2章句：分析文字的章節與句讀。是經學家解說經義的一種方式，也泛指書籍註釋。
3陸雲士：本名陸次雲，字雲士，浙江錢塘（今浙江杭州）人，拔貢生，擔任江蘇江陰知縣等官職。著有《澄江集》、《北墅緒言》。
4累牘連章：牘，古代用來書寫的木板：許多木板或竹簡串連累積起來，即累牘連章，用以形容文字作品的篇幅太冗長。
5王宓草：即王蓍（一六四九年至一七三七年，蓍讀作「詩」），原名王尸，字宓草（宓讀作「密」），秀水（今浙江嘉興）人，家金陵（今南京）。畫家，其山水畫頗能表現元代畫家黃公望的精髓神韻，擅長花卉、翎毛，書法和篆刻也很擅長。曾與手足王概、王臬（臬讀作「孽」）合編《芥子園畫譜》。

白話翻譯

先讀經書，再讀史書，在議論事情時就不會違背聖賢之道；讀了史書，再讀經書，讀書時就不會只是在字面意義上打轉。

◆**陸雲士**[3]**評點**：先儒著書法，累牘連章[4]，不若心齋數言道盡。

讀書之法，前輩儒者花了很多篇幅去寫，不如心齋用了幾句話就點出精髓所在。

◆**王宓草**[5]**評點**：妄論經史者，還宜退而讀經。

妄加評論經籍史書的人，或者該倒回去讀儒家經書。

賞析

此則小品文是在談論讀書的先後次序問題。其實，讀史書和讀經書，無論先讀哪種，後讀哪種，都能有不少的收穫。

經書，指的是儒家典籍。先讀經書，可以了解聖人賢者做人處世的道理，等到對儒家義理有了基本了解之後，再去讀史書，那個時候看到歷朝歷代奪權篡位、奸臣誤國，以及爲了一己私利而做出不忠不義的事情時，才能夠有是非對錯的正確評斷。倘若自身對於聖人所說的忠孝仁義沒有道德實踐的自覺，那麼很可能會在讀到這些事情時被誤導，在待人處世上反而容易走上歧途。

倘若先讀的是史書，再去讀經書，那麼，在讀聖賢教導世人做人的道理時，就不會僅僅拘泥於字面上的解釋，而能結合歷史事件的教訓做出正確的評論，以此做爲自身行事的借鑑。

居城市中

居城市中，當以畫幅當山水，以盆景當苑囿1，以書籍當朋友。

1 苑囿：讀作「願又」，古代畜養珍禽異獸供君主賞遊的園林，此處泛指園林。
2 周星遠：生平不詳。
3 王司直：本名王臬（臬讀作「孽」），字司直，清代秀水（今浙江嘉興）人，擅長詩畫，曾與手足王概、王蓍（蓍讀作「詩」）合編《芥子園畫譜》。

白話翻譯

住在城市裡，應當把畫卷當成山水景色，把盆栽當成園林，把書籍當成朋友。

賞析

住在城市裡無法親近名山勝水大自然，爲了彌補這個遺憾，只能透過欣賞畫卷來觀賞湖光山色；只能透過栽種觀賞盆栽，來遊賞園林之

◆**周星遠**2 **評點**：究是心齋偏重獨樂樂。

推究原因，是心齋偏愛獨自取樂。

◆**王司直**3 **評點**：心齋先生置身於畫中矣！

心齋先生已經身在畫卷之中了。

美。古代交通不便，想要外出拜訪朋友，往往要費上許多時間，所以只好待在家裡讀書，和古人交朋友。

這則小品文告訴我們，想要獲得樂趣，不一定要跋山涉水去名山勝景一遊；也不一定要擁有一座園林，才能欣賞到花草之美；而與朋友論交雖然有趣，但朋友不在身邊時，透過閱讀古籍與古人心靈交談，也是一樁樂事。

鄉居須得良朋始佳

鄉居須得良朋始佳，若田夫樵子，僅能辨五穀而測晴雨，久且數1未免生厭矣。而友之中，又當以能詩為第一，能談次之，能畫次之，能歌又次之，解觴政2者又次之。

1數：在此讀作「碩」，經常、多次之意。
2解觴政：懂得行酒令，泛指善飲酒。觴，古代盛酒的杯子。觴政，行酒令，泛指飲酒。漢劉向《說苑・善說》：「魏文侯與大夫飲酒，使公乘不仁為觴政。」（魏文侯與大夫喝酒，命公乘不仁（人名）行酒令。）
3江含徵：本名江之蘭，其人介紹請見本書〈編者導讀〉文章。
4鬼話：此指鬼故事；第二、第三則評點中所指的，則是胡亂編造的話。
5殷日戒：本名殷曙（一六二四年至？年），字日戒，號竹溪，清代安徽歙縣（歙在此讀作「社」）人。原是張潮父親張習孔的門人，後亦和張潮交情不錯。著有《竹溪雜述》等書。
6倪永清：生卒年不詳，法名超定，清代松江（在今上海市境內）人。

白話翻譯

居住在鄉下需要有好的朋友作伴才好，如果是農夫樵夫，只能分辨五穀、預測天氣晴朗或是下雨，來往次

◆**江含徵** 3 **評點**：說鬼話 4 者，又次之。

講鬼故事的人又更差一些。

◆**殷日戒** 5 **評點**：奔走於富貴之門者，自應以善說鬼話為第一，而諸客次之。

在權貴門第奔走往來的人，自然應當以擅長編造謊話為第一，其他各種門客又更差一些。

◆**倪永清** 6 **評點**：能詩者，必能說鬼話。

能夠作詩的人，必定能說違心之言。

數多了，難免覺得厭煩。朋友當中，又以能作詩的人爲第一，談得來的爲第二，擅長繪畫的爲第三，擅長唱歌的爲第四，懂得行酒令能喝善飲的爲第五。

賞析

鄉間生活是許多居住在城市的人所嚮往的，在《幽夢影》中張潮也多次談論到想要去遊覽名山勝水、想要去園林遊玩的心願。可名山勝景多在人煙罕至的偏僻之處，而園林的所在也往往遠離城市，由此可知，他應當也十分嚮往悠閒的鄉居生活。

然而住在鄉下的多半是靠勞力耕種的農夫，或者是以上山砍柴爲生的樵夫，這類人可能連字都不認識幾個。在這種情況下，張潮若想在鄉居生活中尋找志同道合的朋友想必大不易，因爲知識分子大多在城市生活，如果不是科舉及第成爲達官貴人，便是靠著教書謀生的落魄士子，所以想要謀生必定是住在城市裡機會比較多；會到鄉下居住的，極有可能是辭了官退隱或者無須靠著教書就能爲生的文人，然而要剛好能遇到這些人，機會是非常渺小的。

該說張潮這是在爲鄉居生活未雨綢繆嗎？他看起來似乎是在「誠徵」志同道合的文友，而他最想要的是能一起吟詩作對的朋友，若無，那麼漸次地退而求其次，能談得來的，能畫畫的，能彈琴唱歌的，能行酒令善飲的，能讓他結識一個，都好。

玉蘭

玉蘭，花中之伯夷[1]也（高而且潔）；葵，花中之伊尹[2]也（傾心[3]向日）；蓮，花中之柳下惠[4]也（污泥不染）。鶴，鳥中之伯夷也（仙品）；雞，鳥中之伊尹也（司晨[5]）；鶯，鳥中之柳下惠也（求友[6]）。

1伯夷：名元，字公信，商朝末年孤竹國國君的長子。孤竹君原本立次子叔齊為太子，叔齊讓位給兄長，伯夷推辭不接受，後人認為伯夷不貪慕權位，品德高尚。

2伊尹：名摯，輔佐成湯滅夏朝，是建立商朝的賢能宰相。成湯駕崩，其孫太甲即位，因昏庸無能，被伊尹流放到桐地（今河北臨漳）。期間由伊尹攝政，後來太甲悔過，伊尹又將他迎回復位。西元前一五四九年，伊尹病逝，享年一百歲，被以天子之禮安葬。

3傾心：投入全然的真心。

4柳下惠：本名展禽。春秋時期魯國大夫。因其封地位在柳下，諡號惠，故被稱為「柳下惠」。柳下惠在魯國擔任官職，三次被貶黜，但他仍忠心為國，不肯改投效他國。此外，其人德行高潔，曾留下了與女子獨處仍保持君子風範的「坐懷不亂」事蹟。

5司晨：掌管清晨報曉鳴啼之事。此指早起為國事忙碌，盡忠職守。

6求友：即嚶鳴求友，後用以比喻尋找志同道合的朋友。典出《詩經．小雅．伐木》：「嚶其鳴矣，求其友聲。」（鳥嚶嚶地鳴叫，是牠在尋找同伴的叫聲。）

7袁翔甫：生平不詳。

◆**袁翔甫**[7] **評點**：蟬，蟲中之伯夷也；蜂，蟲中之伊尹也；蜻蜓，蟲中之柳下惠也。

蟬，是蟲類中的伯夷；蜜蜂，是蟲類中的伊尹；蜻蜓，是蟲類中的柳下惠。

白話翻譯

玉蘭，是花中的伯夷（品行高尚純潔）；向日葵，是花中的伊尹（傾其全心向著太陽）；蓮花，是花中的柳下惠（出淤泥而不染）。鶴，是禽鳥中的伯夷（仙風道骨）；雞，是禽鳥中的伊尹（負責報曉）；鶯，是禽鳥中的柳下惠（求志同道合友）。

賞析

在這則小品文裡，張潮又一次把古代幾位賢者的風骨比之與自然界的風物，只不過這次不只是植物，連禽鳥類的動物都來參與了。

伯夷，那位堅決不與弟弟叔齊爭王位的有德兄長，在張潮心中的象徵是玉蘭花，「**瑩潔清麗，恍疑冰雪**」就是在讚嘆玉蘭花的品行高潔。玉蘭花喜歡日光且耐寒，花朵潔白香味濃郁，在唐朝時被視爲純潔的象徵，皇宮的花園也時常栽種這種花。他又將鶴比喻成伯夷，因他隱居山林，脫俗絕塵，與鶴的仙風道骨之姿相匹配。

伊尹，是忠心輔佐君王的商代良相，張潮認爲他是向日葵，因他一心向著太陽，爲他的國君與人民考量種種最合宜的施政措施。雞，負責報曉，象徵一天的開始，猶如伊尹，做爲一國宰相，總是勤勤懇懇地主持著一國的政務。

性格剛直不屈的柳下惠，象徵植物則是蓮花，蓮花一直以來都予人出污泥而不染的形象，象徵著柳下惠雖因小人構陷而遭猜忌，甚至被貶黜了三次，仍不改其志，不肯離開自幼生長的魯國。張潮以禽鳥中的鶯，與他相比擬，因爲鶯總是鳴叫著求友，這不但訴說了柳下惠渴望有知音能懂他，而且那鳴叫不斷的鳥啼聲亦充斥了他心中那不爲世俗所了解、所接納的悲憤之情。

無其罪而虛受惡名者

無其罪而虛受惡名者，蠹魚[1]也（蛀書之蟲，另是一種，其形如蠶蛹而差小[2]）；有其罪而恆逃清議[3]者，蜘蛛也。

1蠹魚：蠹，讀作「度」。體型似魚，小且呈銀白色，尾部有叉，會蛀蝕衣物、書籍，也稱「蠹蟲」、「壁魚」、「白魚」、「衣魚」。
2差小：略小一點。差，略微之意。
3恆逃清議：經常能逃脫世俗的非議、責難。
4張竹坡：本名張道深，其人介紹請見本書〈編者導讀〉文章。
5李若金：本名李淦（一六二六年至？年），字若金，一字季子，號水樵、荔園等，清初江蘇興化人。為南明舉人，極為博學，性喜山林。著有《礪園集》、《燕翼篇》等書。

白話翻譯

沒有犯罪卻枉自承受惡名的，是蠹魚（真正會蛀蝕書籍的蟲是另外一種，形狀像蠶蛹體型略小）；犯了過錯卻經常逃過別人指責的，是蜘蛛。

◆**張竹坡**[4]**評點**：自是老吏斷獄。

這是經驗老道的官吏斷案，一針見血。

◆**李若金**[5]**評點**：予嘗有除蛛網說，則討之未嘗無人。

我曾經發表剷除蜘蛛網的言論，可見不是沒有人主張討伐蜘蛛。

賞析

這一則小品看似輕鬆俏皮，實則是以昆蟲比喻人類社會現狀——常常有許多清白無辜的人，無故遭受了牽連，不明事情眞相的人就以爲他們眞的犯了罪，而加以批評、指責。就如同蠹魚一樣，牠並不是眞正的蛀書蟲，只是人們不辨眞相，往往認爲牠就是那蛀蝕書本的害蟲。蟲類並無法爲自己昭雪冤情；而無辜的人如果遭逢冤案，恐怕得等到有個公正清廉的好官降臨，才能被洗脫罪名了。

反之，有些人作惡多端，但因爲長於掩飾自己的罪行或是鑽法律漏洞，所以能逃過法律的制裁，一般人也都以爲他是好人，而沒有對他加以抨擊。就像蜘蛛一樣，蜘蛛會結網捕食其他昆蟲與牠的蜘蛛同類，蚊子若落入蛛網中，就會被當成獵物吃掉，所以一般人會認爲蜘蛛是益蟲，覺得牠們可以幫忙消滅吸人血的蚊子，是家裡的功臣，所以若見到蜘蛛結網並不會將它剷除。然而，我們大多數的人可能都忽略了蜘蛛不僅捕食蚊子，也會捕食無害的蝴蝶及其他昆蟲；更有一些種類的蜘蛛帶有毒性，若是被其叮咬，恐會對人體造成危害。人們從未去深究蜘蛛對其他無害昆蟲的危害，以及有毒蜘蛛叮咬人類的這個事實，是以張潮說，牠是犯了罪、卻能逃過眾人指責的昆蟲。

臭腐化為神奇

臭腐化為神奇，醬也，腐乳1也，金汁2也。至神奇化為臭腐，則是物皆然。

1腐乳：是為黃豆的加工品，拿小塊豆腐，利用黴菌發酵、醃製而成。

2金汁：指糞溺（《水滸傳》第六三回：「準備檑木炮石，踏弩硬弓，灰瓶金汁，曉夜隄備。」），亦有糞清一說，指在棕皮棉紙上鋪以黃土，澆上糞汁，過濾成清汁，封在甕裡，一年後拿出來，以為醫療之用。

3袁中江：本名袁啟旭，字士旦，號中江，安徽宣城人。擅長作詩與書法，著有《中江紀年詩集》。

4王司直：本名王臯（臯讀作「孽」），字司直，清代秀水（今浙江嘉興）人，擅長詩畫，曾與手足王概、王著（著讀作「詩」）合編《芥子園畫譜》。

5曹操、王安石文字：曹操的樂府詩，使用了漢代樂府的舊調舊題描寫出新的內容，重新賦予詩歌新的生命。

漢代樂府，指的是從民間採集得來的詩歌。漢代漢樂府詩的特點有二：一多著重於塑造客觀的人物形象，二以敘事為主。例如膾炙人口的〈孔雀東南飛〉，詩歌描寫女主角不受婆婆喜愛，然而男女主角夫妻情深，卻被婆婆無情拆散。男主角不得已，只好讓女主角回娘家，等他安撫好母親後再將她接回。此時，女主角的家人已為她安排了新的婚事，而男主角的母親也在為兒子物色新的妻子。後來男主角聽說女主角要改嫁，且嫁的是有權有勢的人家，男主角便跑去譏諷女主角一番。女主角一氣之下，就與男主角相約殉情，兩人的故事就以死亡畫下了句號。

曹操的詩歌雖然寫的也是樂府詩，所表現的特點卻與漢代樂府不同，其特色有二：一

◆**袁中江3評點**：神奇不化臭腐者，黃金也、真詩文也。

神奇卻不會化作腐敗臭爛東西的，有黃金、真正上乘的詩文創作。

◆**王司直4評點**：曹操、王安石文字5，亦是神奇出於臭腐。

曹操、王安石的文章，也是從腐敗臭爛化為神奇。

破詩人的自我形象。二也學漢代樂府反映社會現實，用舊曲作詞，既具有民歌的特色，又兼具自己的創造性。而在形式上，曹操也有所創新，如〈薤露行〉、〈蒿里行〉，〈短歌行〉等古辭都是雜言，各曲僅為四句，曹操則改用五言來寫，各十六句。

王安石的詩，則在繼承了前人歐陽修、梅堯臣的基礎上，予以推陳出新。他喜歡議論，喜好用典故，喜歡誇耀奇特，標新立異，成為宋代詩歌的特質。王安石的作品《胡笳十八拍》歷來也是集句詩的典範。

這就是為何，王司直在評點裡提到，曹操和王安石的詩歌能夠化腐朽為神奇的緣故，因為他們都在前人的詩歌基礎上推陳出新，創作了有自己特色的作品。

白話翻譯

從腐敗臭爛化爲神奇的東西，有醬、腐乳、金汁；至於從神奇化爲腐爛，則是所有物品都逃不過的下場。

賞析

有些東西雖然看起來已經腐敗朽壞了，但經由資源回收之後，仍然可以再生加以利用，像是再生紙，就是廢棄的紙張經過回收之後再重製的。又如臭豆腐是以發酵方式製作成的，與醬、腐乳等發酵製品一樣。臭豆腐雖然聞起來氣味不佳，卻是很多人喜歡的著名小吃美食，這大概就是所謂的化腐朽爲神奇吧。

但若是化神奇爲腐朽，那就是所有東西最終的命運了，這便是佛家講的「無常」——世間一切存在的事物都是「依因待緣」而生，而且形體、形態會不斷地改變，就如同醬油是以大豆爲原料，經過製麴和發酵而成，可以視爲是大豆發生變異而形成醬油，而醬油變質就是壞掉。毀壞、毀滅是所有東西最終的結果，從佛教觀點來看，我們能透過眼睛、耳朵、鼻子等感官經驗感知到的東西就是無常，因爲在現象界中，沒有東西是永恆不變的。

黑與白交

黑與白交[1]，黑能污白，白不能掩黑；香與臭混，臭能勝香，香不能敵臭。此君子小人相攻之大勢也。

1交：碰觸。

2弟木山：張潮的弟弟張漸，字木山，曾參與《昭代叢書》的編纂工作。

3黜臭：排斥臭味。黜，讀作「觸」，排除在己意之外。

4石天外：本名石龐（一六七一年至一七〇三年），字天外，號晦村學人，又號天外生。清代太湖（今屬安徽）人。在文學上頗有造詣，尤長於戲曲，著有傳奇《因緣夢》、《後西廂》等等。

5形短：相比之下顯出短處。

6不虞之譽、求全之毀：典故出自《孟子．離婁上》：「有不虞之譽，有求全之毀。」不虞之譽，意料之外的讚譽。求全之毀，想保全聲譽，卻遭來誹謗。

◆**弟木山**[2] **評點**：人必喜白而惡黑，黜臭[3]而取香，此又君子必勝小人之理也。理在，又烏論乎勢！

人之常情是必然喜歡白色而討厭黑色，排除臭味而選取香味，這正是君子一定勝過小人的道理。道理在，又何須論情勢。

◆**石天外**[4] **評點**：余嘗言：於黑處著一些白，人必驚心駭目，皆知黑處有白；於白處著一些黑，人亦必驚心駭目，以為白處有黑。甚矣！君子之易於形短[5]，小人之易於見長，此不虞之譽、求全之毀[6]所由來也。讀此慨然。

我曾經說過：在黑色的地方沾一點白色，別人一定會感到震驚，都知道黑的地方有白色；在白色的地方染一點黑色，別人也一定會感到震驚，認為白的地方有黑色。唉！君子容易暴露出缺點，小人容易顯現出優點，這正是出乎意料的讚揚，與一心想保全榮譽、卻遭到毀謗的由來。讀到這篇真令人感慨。

白話翻譯

黑色與白色混在一起，黑色能把白色染黑，白色卻掩蓋不了黑色；香味與臭味混雜，臭味能蓋過香味，香味掩蓋不了臭味。這是君子和小人互相較量的大概情勢。

賞析

張潮在這則小品文，藉著自然現象黑與白、香與臭相混的狀況，來比喻君子與小人之間的關係。

俗語說：「**近朱者赤，近墨者黑。**」白色無論與什麼顏色相混合，都會被染成那種顏色；反過來說，白色卻無法掩蓋其他色彩。若以此比喻人性，那麼白色代表君子，黑色代表小人，君子和小人相處久了，便容易受到對方的誘惑而同流合污。

君子和普通人一樣，內在也同樣有善有惡，孟子雖然主張人性本善，但倘若我們無法克制私慾，甚且放任不管隨它發展，那麼善的一面就無法顯現出來；所以說，即便是壞人也有善性，只是他無法遏制私慾，而任由善性被蒙蔽。正猶如烏雲蓋住了太陽，使天空看起來陰暗無光，但並不代表天空沒有太陽，只是被烏雲遮住罷了。

至於香與臭，香味被比喻爲君子，臭味則被喻爲小人。香味不能掩蓋臭味，這是因爲臭味較香味更刺鼻、濃烈；臭味混入香味裡，反而是臭味會更加突顯出來。君子待人處世寬容謙和，不屑使用陰謀權術去打擊仇敵；小人則不同，爲了爭名奪利總是不擇手段，即便未曾得罪過他，也可能被當作上位的踏腳石。所以，君子與小人交鋒，君子總是屈居下風；反觀小人，因爲懂得諂媚上級、君王，反而能獲得更多的寵信，之後再藉由君王的威權去打壓君子，那麼君子便更加不敵小人的攻勢了。

然而，「**多行不義必自斃**」，雖然君子一時難以占上風，但時間一久，小人的野心與自滿就會逐漸暴露出來，待其情其形被識破之時，也就是他的報應到來之時。我們能做的，就是守住做正人君子的尊嚴，還有一時的艱難，內在也許懷憂喪志，但將日日過得心安理得，心境平穩地靜待與沉潛，待時移勢轉，相信運氣與勢頭將再度站在你這一邊。

恥之一字

恥[1]之一字，所以治君子；痛[2]之一字，所以治小人。

1恥：感覺到難堪、慚愧。
2痛：肉體受到折磨，而有苦楚。
3張竹坡：本名張道深，其人介紹請見本書〈編者導讀〉文章。
4有恥且格：指人有知恥之心，便能自我檢點而歸於正道。孔子《論語・為政》：「道之以德，齊之以禮，有恥且格。」（以仁德將他引導回正途，以禮義約束他的行為，使他能夠知道羞恥〔認識自己的錯誤〕，並且自我反省回歸正途。）

白話翻譯

恥這個字，是用來約束君子的；痛這個字，是用來懲治小人的。

賞析

《中庸》說：「**知恥近乎勇。**」意思是：「知道羞恥，就接近勇敢了。」「恥」這個字，是儒家修身的準則，通常，人如果知道自己做錯了

◆**張竹坡**[3]**評點**：若使君子以恥治小人，則有恥且格[4]；小人以痛報君子，則盡忠報國。

君子若以恥來約束小人，小人就會有知恥的心，而能自我約束、回歸正道；小人若以痛來論處君子，君子自當以滿心忠誠來報效國家。

事會感到羞愧、羞恥，可是一個人如果根本沒有意識到自己做錯了事，那麼他是不會有羞恥之心的。畢竟，要承認自己的錯誤需要很大的勇氣，沒有人希望自己是錯誤的那一方，大家都希望、甚至於自認爲一定能做出最準確的判斷。

但我們的良心、善性有時是會被惡的一面給蒙蔽的，是以君子會常常反省自己，看看有沒有什麼地方做錯了，然後加以改正，好能對得起自己，夜裡睡得更安寧，這就是知恥的力量。你以做爲一名君子自期，他亦如是，那麼恥的力量將能讓人我之間的行事與關係更見完善。然而，如果你對應的是名小人，他們的善性或許被蒙蔽得太久了，知恥的一面顯現不出來，因而不覺得自己做錯了事，反而覺得是別人做錯了，而意識不到自己什麼地方做錯了的人，就不會有想要悔改的心，導致一錯再錯，直至踏入罪惡的深淵，再難挽回。

是以，要懲治小人，並不能以恥的力量來期待他們醒悟，而是必須藉由嚴刑峻法加以約束，懲罰他們，讓他們的身體因痛楚而知道自己做錯了，然後開始練習反省，盼望能漸漸找回那深埋已久的善性，以及知恥的力量。

鏡不能自照

鏡不能自照，衡不能自權1，劍不能自擊。

1衡：秤物體重量的器具。權：原指古代測量重量的砝碼或秤錘，在此用作動詞，指秤量。
2倪永清：生卒年不詳，法名超定，清代松江（在今上海市境內）人。
3龐天池：即龐筆奴，生平不詳。

白話翻譯

鏡子照不到自己，秤測量不到自己的重量，劍攻擊不了自己。

賞析

張潮列舉了鏡子、秤、劍這三樣物品，試圖說明「自我認識的有限性」，但認識的主體並非是人，而是鏡子、秤、劍的自身，以此爲比喻，試圖說一說人不能「自見其短」的道理。

◆**倪永清**2**評點**：詩不能自傳，文不能自譽。

詩歌不能自己傳誦自己，文章不能自己讚美自己。

◆**龐天池**3**評點**：美不能自見，惡不能自掩。

美不能自我顯現，醜陋不能自我遮掩。

鏡子可以映照事物，卻無法照見自己本身。秤能夠秤量出物體的輕重，卻無法秤出自己的重量。劍能夠攻擊敵人，卻無法用來攻擊自己。

人也是一樣，沒法自外於自我認識的有限性。畢竟人不可能時時刻刻照鏡子，因此往往只能看見別人的缺點，而看不到自己的，或者即使看見了，也當作視而不見。這是因爲我們誰都希望自己是完美的、永不犯錯的，所以當別人指出我們的缺失時，往往無法接受，反而覺得是對方的錯或者是對方誤解了自己，這就是人無法「自見其短」。

這樣的狀況發生在君子和小人身上又各會有不同的反應。君子雖然看不見自己的缺點，但在別人指出自己錯誤、予以批評時，是能夠在第一時間接受的，進而試著靜下心來自我反省。小人就不同了，他會在別人指出其缺失時，覺得別人讓他失去了尊嚴和榮耀，心中於是湧上憤怒等種種負面情緒，然後啓動防衛機制立刻予以反擊。然而，君子與小人很多時候只是一種相對的概念，誰都有內在的陰暗面，當陰暗面面積過大時，我們做爲小人的那一面就顯現出來了，在這樣的時候，要記得深呼吸，把自己的心安定下來，適時地、適度地反省自己，籠罩在我們頭頂的那片陰暗烏雲自會慢慢散去。

古人云「詩必窮而後工」

古人云：「詩必窮而後工①。」蓋窮則語多感慨，易於見長耳。若富貴中人，既不可憂貧嘆賤，所談者不過風雲月露②而已，詩安得佳？苟思所變，計惟有出遊一法。即以所見之山川風土物產人情，或當瘡痍兵燹③之餘，或值旱澇災祲④之後，無一不可寓之詩中。借他人之窮愁，以供我之詠嘆，則詩亦不必待窮而後工也。

1 詩必窮而後工：詩人必須經歷艱苦磨難後才能寫出好詩。這句話衍生自宋代歐陽修《梅聖俞詩集序》：「蓋愈窮則愈工。然則非詩之能窮人，殆窮者而後工也。」（越是受過艱苦磨難，詩越能寫得好。然而意思並非寫詩會使人窮困潦倒，大概是因為歷經過窮困潦倒，才得以寫出好詩來。）

2 風雲月露：指詞藻綺豔而無真情實感的詩文。典出《隋書・卷六六・李諤傳》：「連篇累牘，不出月露之形，積案盈箱，唯是風雲之狀。」（文章冗長，所表達的思想內容不脫月亮、露水的形狀；滿桌子和滿箱子的文稿，只描寫了風、雲的形狀；意思是，除了吟風弄月的內容以外，沒有其他更有意義的思想了。）

3 瘡痍兵燹：瘡痍，讀作「窗夷」；燹，讀作「險」；兩者分指因戰爭而造成的災害與焚燒。

◆**倪永清⑤評點**：得意之遊，不暇作詩；失意之遊，不能作詩。苟能以無意遊之，則眼光識力定是不同。

志得意滿的出遊，讓人沒有空作詩；頹然喪氣的出遊，讓人沮喪得沒法作詩。若能帶著平常心出遊，那麼所見所聞必定會有所不同。

◆**尤悔菴⑥評點**：世之窮者多而工詩者少，詩亦不任受過也。

世上貧困潦倒的人很多，但能寫出好詩的人很少，受到這種連累，要詩情何以堪哪。

4旱澇災祲：指旱災與水災。澇，讀作「牢」的四聲。祲，讀作「今」，不祥之氣。
5倪永清：生卒年不詳，法名超定，清代松江（在今上海市境內）人。
6尤悔菴：其人介紹請見本書〈編者導讀〉文章。

白話翻譯

古人說：「詩人必得經歷艱苦磨難才能寫出好詩。」大概是說，在困頓潦倒之時，才能夠說出許多感慨人生的話，詩才容易寫得好。如果是富貴中人，既悲嘆不了貧困哀愁，寫出來的詩便只不過是在吟花弄月罷了，哪裡會有好詩？若想一改這樣的情況，就只有外出遊歷這個辦法了。也就是親眼所見到的山川景物風土人情，或戰亂過後的瘡痍殘破，或旱災水災肆虐後的景象，無一不能寫進詩裡。借別人的窮苦哀愁，做我歌詠感嘆的素材，那麼詩人便不一定得親身經歷艱苦磨難也能寫出好詩來。

賞析

文學史上鑑別文學作品優劣的標準，會以其能否反映當時社會現實爲依據，即作品是否表現出了當時的民生疾苦、社會環境，像是統治者對人民的壓榨或是戰爭的殘酷等等。這是因爲，人是不可能脫離現實而獨活、而存在的，那些超現實的、不寫實的作品無法替百姓發聲，也無法做爲統治者施政的借鑑，更彰顯不出時代意義，是以文學價值較低。

至於那些超脫現實人生、無病呻吟的詩文作品，因爲沒有作者的眞實情感寄寓其中，不過是用豔麗的詞藻堆砌出了華美的作品，裡頭並無意蘊深刻的思想內容可言，這樣的作品得到的評價往往很差。

而要想寫出反映社會人生的作品，先決條件是什麼呢？是親身經歷，唯有去經歷才可能有所體會，創作出來的詩文作品才可能會帶有眞情實感，感動人心。

但對於生活在承平時代的詩人來說，這樣的要求似乎太過強人所難了，難道是要鼓勵詩去過窮困潦倒的日子，才能寫得出好詩嗎？張潮在此想出了一個折衷的辦法，那就是，要詩人出外去遊歷，看看民生疾苦，看看那些因戰禍而造成的蕭條景象，去感受平民百姓生活的困苦，藉著觀察、試著同理他們的窮困與辛苦，他們的哀傷與憂愁，進而找到寫詩的題材與素材，這麼一來也同樣有創作出好詩的可能。

（《幽夢影》全書完）

國家圖書館出版品預行編目資料

幽夢影三：影遊人間 / (清) 張潮原著，曾珮琦編註
—— 初版 —— 臺中市：好讀，2022.02
面：　公分，——（圖說經典；42）
ISBN　978-986-178-567-7（平裝）
072.7　　110016246

好讀出版
圖說經典 42

幽夢影三：影遊人間

填寫線上讀者回函
請掃描 QRCODE

原　　著／張潮
編　　註／曾珮琦
總 編 輯／鄧茵茵
文字編輯／簡綺淇
行銷企劃／劉恩綺
美術編輯／許志忠

發行所／好讀出版有限公司
台中市407西屯區工業30路1號
台中市407西屯區大有街13號(編輯部)
TEL:04-23157795　FAX:04-23144188
http://howdo.morningstar.com.tw
(如對本書編輯或內容有意見，請來電或上網告訴我們)
法律顧問／陳思成律師

讀者服務專線 TEL: 02-23672044 / 04-23595819#230
讀者傳真專線 FAX: 02-23635741 / 04-23595493
讀者專用信箱 service@morningstar.com.tw
網路書店 http://www.morningstar.com.tw
郵政劃撥 15060393(戶名：知己圖書股份有限公司)

印刷／上好印刷股份有限公司
初版／西元2022年2月1日
定價／300元
如有破損或裝訂錯誤，請寄回台中市407工業區30路1號更換(好讀倉儲部收)

Published by How-Do Publishing Co., Ltd.
2022 Printed in Taiwan.

ISBN 978-986-178-567-7